MOSES.

摩西奶奶活了 101 岁，
但她从 58 岁才开始画画，
坚持画了 40 多年，
并且越画越好。
她的精彩人生告诉我们：
实现梦想是没有年龄限制的。

1945年，85岁的摩西奶奶在家乡的草地上作画。

书中所选的绘画作品，

从摩西奶奶 58 岁的第一幅画，

直到 101 岁的最后一幅，

在每幅作品的背后，

都有一个生动感人的故事，

并首次在国内出版。

图说故事:

  这是摩西奶奶的第一幅作品《壁炉遮板》,这时她已经 58 岁了。

  这幅画作水准之高,也许超越了所有其他自学成才的艺术家。

《壁炉遮板》,1918 年,木板油画。
(82×98.4cm)

《彩虹》，1961 年，木板油画，右下角署名。
（40.7×60.9cm）

第 8 ～ 9 页图说故事:

　　这幅画是摩西奶奶 101 岁时的作品,也是她的最后一幅画作。

　　摩西奶奶一直坚持画画到 101 岁,虽然生命的最后几个月她因过度工作变得非常虚弱。《彩虹》完成于 1961 年 6 月,作为摩西世界观的浓缩,使用了自由的绘画手法和色彩,表现了她的"老年生活方式"。

　　人物形象和周围的自然景物融为一体。摩西已经不再关注用色的精确性,而开始关注人物情感。美丽的彩虹像一把糖果色条纹的镰刀,轻快的运草马车都是图画中明亮、平静和最后希望的象征。

人生／随时可以／重来

蒋春 编译

[美] **摩西奶奶** 作品

同心出版社

图书在版编目（CIP）数据

人生随时可以重来 /（美）摩西奶奶著 ；蒋春编译 .
-- 北京 : 同心出版社，2015.2
ISBN 978-7-5477-1212-2

Ⅰ . ①人… Ⅱ . ①摩… ②蒋… Ⅲ . ①人生哲学—通俗读物 Ⅳ . ① B821-49

中国版本图书馆 CIP 数据核字 (2015) 第 040445 号

人生随时可以重来

出版发行：同心出版社
地　　址：北京市东城区东单三条 8-16 号东方广场东配楼四层
邮　　编：100005
电　　话：发行部：(010) 65255876
　　　　　　总编室：(010) 65252135-8043
网　　址：www.beijingtongxin.com
印　　刷：北京瑞禾彩色印刷有限公司
经　　销：各地新华书店
版　　次：2015 年 3 月第 1 版
　　　　　　2015 年 5 月第 2 次印刷
开　　本：889 毫米 ×1194 毫米　1/32
印　　张：6
字　　数：130 千
印　　数：10001-20000 册
定　　价：45.00 元

趁我们还年轻

1953 年，94 岁的摩西奶奶登上了美国《时代》周刊的封面，她满头的银发、和蔼的笑容感染了整个美国，从此，她成为人们心中的一个传奇。

摩西奶奶在美国艺术史上，是一位独特而神秘的人物，她原本只是一位来自农场的小老太太，年轻时一边做女佣一边刺绣，后来慢慢开始画画。80 岁过后，才开始辉煌的艺术家之旅。她从旧的生活里破茧而出，在耄耋之年，绘画着自己心中的应允之地。尽管她从来没有意识到，她已打破了传统的束缚，修建起了自己人生的金字塔。

摩西奶奶的生活和事业是史诗般的，因为它们和 20 世纪史诗般的美国紧密相连。

通过阅读摩西奶奶的故事，我们能了解她过去卑微的生活状况。这些卑微的过去，也正是我们得以准确地理解她之所以成功的关键所在。那些出身卑微的成功人士的传记，很容易让人联想到"白手起家"的亚伯拉罕·林肯、托马斯·爱迪生和埃尔维斯·普雷斯利。相比起从一定的基础上建立起的事业，那些白手起家的成功故事更能得到人们的赞赏。

"做你最喜欢做的事情，上帝会很愿意为你打开成功之门，哪怕你已经 80 岁了，依然可以做个初学者。"这大概就是摩西奶奶用她的晚年向我们传达出的智慧。

人之一生，行色匆匆，总有人在别人的影响下丢了自己的天赋，踏上了一个由别人设定的成功之路。年轻的时候，人们总是喜欢畅想未来，感觉只要付出努力一切皆有可能。当未来大踏步地迈进，当年龄的压迫感与生活的压力扑面而来，人们被迫卷入到残酷的激流之中。当回望过去的时候，我们又会摇着头，叹息着时光的飞逝、现实的残酷，却从来没有想过要重新拾起自己年幼的梦想。那些散发着欢声与笑语的梦想，就这样被丢弃在了角落里，染上了尘埃。

是谁给梦想设定了年龄的限制，让它穿上了条件的枷锁，被尘封在了时间的长河里？

答案很简单，那个人正是自己。

为什么不去打破这个自己给自己带上的枷锁呢？

要论年龄的话，摩西奶奶在 50 多岁的时候，依然可以拿起画笔，在 80 岁的时候，还是可以坚持绘画，即便到了 100 岁，她还可以办画展。论条件的话，摩西奶奶只是一个普通的美国老太太，没有进入过美术学校学习，更别提绘画技巧了。可是就是这样一个人，她留下了 1000 多幅油画作品，其中 20 多幅是在她 100 岁生日之后所画的。她登上过《时代》《生活》杂志的封面，作品也在著名的现代艺术博物馆（MoMA）展览，被大都会博物馆与白宫收藏，她几乎在全世界都办过自己的展览。她过世之后，美国邮政还为她发行了个人邮票。

当你打开这本书的时候，你会闻到一股阳光的味道，没错，那正是摩西奶奶带给我们的。希望当你放下这本书的时候，能够趁着你还活着，趁着你还年轻，趁你还不需要翻来覆去考虑又考虑，趁你还不懂得什么是叹息，勇敢地去做自己想做的事情，不惧挑战，不惧目光，勇敢做自己。

《人生随时可以重来》是国内第一本最全面、最准确、最优美的介绍摩西奶奶一生的出版物。在这本书中，我们对摩西奶奶的生平做了详实的考证，摩西奶奶的第一幅画创作于1918年，也就是说她在58岁那年就已开始绘画创作。除此之外，本书对所有图片全部标注了详细准确的图说，包括原画尺寸大小、创作时间及创作原因，这在目前中国所有关于摩西奶奶的出版物中是独一无二的。

2015年3月1日

致我的孩子们

今年，我已经100岁了，即将迈入生命的尽头。回首往事，在80岁之前，我一直寂寂无闻，过着平淡且普通的生活。80岁之后，因为一个偶然的机会，让我的绘画事业到达了前所未有的巅峰，随之而来的效应，让我成为了全美著名的老有所成的画家。人生真是妙不可言。

我的老伴已经去世多年，孩子也一个一个被我送走，那些同龄人也先后离我而去。但我反而觉得自己越活越年轻，能与年轻的曾孙辈们一起玩耍让我感到很快乐。他们累了，倦了，便会围坐在我的身边，听我讲那些老掉牙的故事，丝毫不嫌弃他们的祖母是个唠叨的老太婆。

很多人问过我，是什么缘故让你在年老时选择了绘画，是因为觉得自己在绘画方面会取得成就吗？

我一生都在农场中度过，曾经是个连大世面都从未见过的贫穷农夫的女儿、农场工人的妻子。在拿起画笔之前，我曾经以刺绣为生，后来因为关节炎而被迫放弃了刺绣，拿起了画笔开始绘画。倘若我没有选择绘画的话，也许我会去养鸡。绘画并不是最重要的，重要的是让自己保持充实。并不是我选择了绘画，而是绘画选择了我。倘若到现在为止我依然没有因为绘画而出名，我想我依然会过着每天画画的平静日子。因为绘画的初始，我便从未想过自己会获得成功，即便成功的机遇降临到了我的身上，我还是会过着每天绘画的平静日子。正像是在曾孙辈眼中，现在的我还是那个爱唠叨的曾祖母。

有年轻人写信给我，说自己迷惑茫然，对要不要放弃当下稳定的生活去做自己喜欢的事而犹豫不决。人之一生，最大的幸运便是能找到自己喜欢的事情。做让自己真正感兴趣的事情，生活才会跟着变得有趣，这样才可能成为一个有意思的人。当你不去计较得失而全心全意地做一件事情的时候，投入时的喜悦与成就感，便是你最大的收获与褒奖。就像写作是写作的目的，绘画是绘画的赞颂。我在今年已经步入百岁之列，当我回首去看的时候，我的一生如同是一天，但是在这一天中我是拼尽全力让自己开心和满足的。我不知道更加美好的生活是怎样的，我能够做到的只是尽力去接受生活所赋予我的，让每一个当下都能够是完美无缺的。

7 岁的曾孙女曾经好奇地问，我能够像曾祖母一样开始画画吗？从现在开始还能来得及吗？我将她揽入怀中，抚摸着她柔软的头发，将她的小手紧紧握住，凝视着她，认真回答，所有人都可以画画，任何年纪的人都可以画画。就像每个人都能够开口说话一样，每个人都能选择绘画这种认知与表达世界的方式。如果对绘画毫无兴趣，还可以选择写作，唱歌或者舞蹈等，最关键的是你能够找到适合自己的那条路，能够为之献出自己终生的时间与精力而甘之如饴。

人的一生，匆匆而过，回顾过往，日子比想象中过得还要快。花样年华时，喜欢畅想未来，到遥远的地方去寻找未来，认为可以靠着努力改变一切，得到自己想要的。不出几年时间，年龄的压迫感与生活的压力便接踵而至，我们全都不幸地被卷入了生活的洪流之中，接受风雨的洗礼。我今年已经 100 岁了，我的孩子们，我多么想守护你们一世安稳，愿你们被世界温柔以待，但是我知道我无法做到。我所希望的是，你们能够知道自己真正喜欢做的事情，能够找到一个情投意合的伴侣，孕育一两个可爱的小生命，淡然且从容地度过每一天。

我的孩子们，做自己发自内心喜欢的事情时那份专注与获得的成就感，足以化解柴米油盐的琐碎生活带来的枯燥与乏味，足以让你不过分依赖自己的家庭生活，保留一份专属于自己的小天地。找到一个情投意合的伴侣，组成一个小小的两人世界，便足以抵挡世上所有的残酷，在面对生活的考验时，不觉得孤单，更不会崩溃。孕育小生命的过程，会感受到来自生命的奇迹，获得前所未有的力量。当你被一双小手紧紧地抓住，孩子将所有的依赖与信任都寄予到你的身上时，你会感到自我的强大，实现蜕变式的成长。

　　人生不易，当年华老去，身体渐渐变得力不从心，我的孩子们，希望你们在回望自己的一生时，会因为自己曾经真切地活过而感到无悔，从容淡定地度过余生，直至死亡来临。

永远爱你们的摩西奶奶

Moses

《大家缝活动》，1950年，木板油画（50.8×60.9cm）

"大家缝活动"是摩西奶奶的家乡比较流行的社交活动，它给人们提供了社交的机会，同时也有实用意义。

目录

图说故事:

    这幅刺绣大概是摩西奶奶 80 岁时的作品。

    摩西奶奶的第一幅 "毛线画"《尼泊山》作为礼物送给了女儿安娜的孩子左尼,这幅画颇受好评,于是她做了更多毛线画送给

第一章

摩西奶奶一生的故事

做你最愿意做的那件事，
那才是你真正的天赋所在。

《尼泊山》，1940 年或更早，纺织
品刺绣，右下角署名。
（25.4×35.5cm）

朋友和家人。但关节炎让摩西很难使用针线，于是她在妹妹克里
斯提亚的建议下转而用颜料作画。

摩西奶奶是谁?

摩西奶奶(Grandma Moses,1860 年 9 月 7 日 —1961 年 12 月 13 日),本名安娜·玛丽·罗伯森·摩西(Anna Mary Robertson Moses)。她活了 101 岁,58 岁时开始画画,一直画了 40 多年,是美国艺术史上的一个传奇,也是大器晚成、自学成才的代表性人物,享誉世界。

1860 年 9 月 7 日,安娜·玛丽·罗伯森出生在纽约州北部的一个农场里,她的前半生充满艰辛和悲剧色彩。她的父亲罗素·金·罗伯森是一个农夫,拥有自己的农场和亚麻厂,玛丽在十个孩子中排行第三,五个男孩帮助父亲打理农场和亚麻厂,她和四个姐妹学习家务。

12 岁时,玛丽就离开家来到附近农场的一个富裕家庭做"女佣",帮助这个家庭打理家务。接下来的 15 年里,她基本是这样度过的:缝纫、煮饭、管理家务,其间她和雇主家的孩子们一起读了几年书。

27 岁时,安娜·玛丽嫁给了托马斯·萨蒙·摩西——她当时雇

安娜·玛丽的父亲罗塞尔·金·罗伯森

安娜·玛丽的母亲玛丽·莎纳汉·罗伯森

主农场上的"男佣"。在婚礼结束之后不久，夫妻二人便踏上了开往北卡罗来纳州的火车。不过机缘巧合之下，两人在路过弗吉尼亚州的斯汤顿时就下了车，并在那里租下了一个农场，开始了新婚生活。

婚后的生活是恬静而又布满荆棘的。他们终于有了自己的爱情结晶，有了10个孩子，但是不幸的是其中有5个孩子在婴儿期就夭折了。南方内战后，她和丈夫为一家农场做佃户，经济窘迫，但是持家有道的二人，最终凭借积攒下来的钱，买下了一座属于自己的农场。

1904 年，44 岁的安娜·玛丽和她的两个最小的孩子休和安娜。

托马斯因为心脏病猝然离世。从此，摩西成为了孤身一人，不过她并没有为此而消沉，对于一个热爱生命的人来说，他们没有时间去自怨自艾。

1932 年，摩西的女儿安娜被诊断患有结核病，挂念女儿的摩西前往本宁顿去照料女儿。她希望自己能够像茜茜公主（奥地利皇后，曾患有肺结核）的母亲卢朵维卡那样，将自己的女儿照顾到康复。这本是一次并不算愉快的探望，但是安娜却送给了母亲一个别样的礼物。当时病中的安娜为了给母亲找些乐趣，向母亲发起了挑战，她拿了一幅刺绣画给母亲，并要求她去制作一幅相同的刺绣画。女儿的挑战激起了摩西的兴趣，她找来了针线，开始通过一针一线去"复制"这幅画。事情在最开始的时候往往是糟糕的，摩西制作了一幅让人失望透顶的刺绣画。在完成这个作品之后，她甚至宣称，只要有人愿意收留这些画，她便送给他们。

在第一幅刺绣画以失败告终之后，摩西反而爱上刺绣画，于是她开始制作各种各样的刺绣画。不久安娜去世，摩西开始独自照料两个孙子。

生活总在舍与得中徘徊继续。严重的关节炎，让摩西很难拿稳针线，于是她便听从了妹妹克里斯提亚的建议，将针换成了画笔，开始了正式的绘画生涯。

回到鹰桥镇的农场，和自己最小的儿子休、儿媳多萝西以及

《安娜·玛丽·罗伯森·摩西童年时候的家》，1942 年。

1949 年 5 月 14 日，89 岁的摩西奶奶获得杜鲁门总统颁发的
"女性全国新闻俱乐部奖"。

图说故事：

　　布莱尔大厦，那是杜鲁门总统居住的地方，因为白宫还在改造中，总统先生已经在那里了，他再次和摩西夫人聊起天来。"喝完茶，"摩西奶奶回忆说，"突然打雷下起雨来，于是我们坐在沙发上，等待雷雨结束。杜鲁门总统坐在我的旁边，然后对我说，'不要害怕，这栋房子很大，装有很多避雷针。'也许他认为我会害怕。我与他交谈，好像他是我的某个孩子似的。我甚至要求他为我演奏一首钢琴曲。"他起初拒绝了，建议把收音机打开听，但是在摩西的坚持下，他微笑着走到钢琴旁，弹了一分钟。"这太让人高兴了！"她写道。"后来雷雨停了，他让司机用他自己的车把我送到斯塔特勒酒店，这是无比的荣誉。"

　　第二天，摩西奶奶又拜访了菲利普斯画廊，那里展出了很多她的画。1941 年，邓肯·菲利普斯先生和他夫人是最早在美国博物馆购买摩西奶奶的画的人；他们后来又相继买了一些放入自己的收藏中。

1955年6月29日，95岁的摩西奶奶在哥伦比亚广播公司的节目"现在请看"中接受爱德华·默罗的采访，照片由奥托·卡里尔拍摄。

他们的孩子一起生活之后，摩西经常会拿着画笔到处游走，企图将生活中的一切都用画笔勾勒出来。像所有人一样，摩西也希望更多的人能够看到自己的作品。因此在那段时间，当地的人们经常可以在一些博览会或者慈善义卖会等活动上看到摩西奶奶的身影。不过，结果却不尽如人意。摩西后来回忆道，她的果酱曾在乡村博览会上获过奖，但画作却没有。

对生活的热爱以及对美的追求，成为了摩西奶奶生活的巨大动力，这些也是很多自学成才的艺术家们不为人知的秘密。因为热爱，所以不管结果如何，一切都将会继续。摩西并没有因为自己的画没有得到认可而失落，因为她知道自己并不是为了让别人认可自己的画作才做这件事情的。

摩西奶奶被发现

上帝总是最公平的裁判，他让所有的付出都能够得到回报。1938 年的复活节，胡希克佛斯镇上来了一位陌生人。他叫路易斯·卡尔多，是一位收藏家。当他路过镇上的药店时，马上被药店窗户旁边的画作所吸引，他将这些画全都买了下来，并要求能够得到作者的姓名与住址。就这样，卡尔成功见到了已经 78 岁高龄的摩西奶奶。

路易斯·卡尔多买下了摩西奶奶手上所有的画，并将这些画作全部带回到了纽约，希望这些画作能够大放异彩。没想到，当卡尔多将这些画作介绍给各大博物馆和画廊后，却没有激起这些

1951 年，在明尼阿波利斯市代顿百货公司的橱窗里，陈列的是摩西奶奶所作的关于春天题材的画和其他作品。这时摩西奶奶 91 岁。

机构和众人的兴趣。因为他们看不到这些画作会给他们带来什么收益。

摩西奶奶声名鹊起

1939 年，在卡尔多的不断奔走之后，现代艺术博物馆终于同意举办一场秀，叫做"当代不知名的美国画家"。这场画展并没有对公众开放，因此影响力几乎为零。不过，这次展览却增加了卡尔多的信心。

1940 年，也就是摩西奶奶 80 岁的时候，卡尔多成功说服了著名的圣艾蒂安画廊的负责人奥托·卡里尔先生。这位艺术商人最终决定在当年 10 月 9 日至 10 月 31 日，为摩西奶奶在圣艾蒂安画廊办一场名为"一个农妇的画"的展览。这次展览让摩西奶奶开始显露头角，部分嗅觉敏锐的媒体开始对这位 80 岁的老妇人产生兴趣。

成为超级巨星

如果说画展让摩西奶奶开始出现在公众的视野之中，那么在 1940 年 11 月的演讲，则使摩西奶奶成为了家喻户晓的人物。

吉姆贝尔斯百货组织了一场名为"感恩节庆典"的活动，在这次活动上对摩西的作品进行了重点介绍，摩西奶奶也应邀出席。摩西奶奶在活动上做的公开演讲让她大放异彩，得到了媒体和公众的一致好评。

第二次世界大战后，美国文化霸权的缺乏不仅成为了艺术问题，更被提升到了政治层面。美国急需一个能够与他世界霸权相匹配的的艺术地位。因为大众对抽象主义画风并不买账，杜鲁门总统在了解到摩西奶奶之后，决定将摩西奶奶作为重点培养对象。有了政府部门的推动，摩西奶奶开始出现在各大媒体的版面上。

1941 年，摩西奶奶的作品《老橡木桶》，在纽约州锡拉丘兹雪城美术博物馆（现艾佛森艺术博物馆）展出并荣获了纽约州奖。随后这幅画作被 IBM 公司创始人托马斯·J. 沃森购买。凯瑟琳·康奈尔和科尔·波特等名人也开始收藏她的作品。收藏摩西奶奶的作品也成为了风潮。

在出名之后，摩西奶奶以及她的画作也开始成为了人们品评的对象。一位批评家曾认为，摩西的爆炸式走红或许可以永远"将我们带出抽象主义和智力扭曲的航线"。其他专家认为："当（摩西奶奶）画什么时，你能马上就知道她在画什么——不需要像看到一些现代涂鸦者画作时那样去猜测，它到底是病蚝的肉，还是一个生满脓疮的两尖齿，或者只是地上一个平洞。"1942 年，西德尼·詹尼斯在他的作品《他们自学成才》（纽约：戴尔出版社）一书中用一章的篇幅专门对摩西奶奶进行了介绍。在这一年，摩西奶奶的三幅作品也以同名在玛丽·哈里曼画廊展出。在 12 月 7 日到 12 月 22 日，摩西又在纽约的美国英国艺术中心做了题为《安娜·玛丽·罗伯森·摩西：画作私人藏品展》的演讲。

1945 年 11 月 13 日到 18 日，纽约麦迪逊广场花园举办了名为"和平时期的女人生活"的妇女国际展览会，摩西奶奶成为了这次展览会上被重点介绍的艺术家。

陈列在展厅中的画作毕竟不能被人熟知，虽然偶有见于报端，但那也远远不够。1946年，摩西奶奶终于有了自己的出版作品。摩西奶奶的自传《摩西奶奶：美国原始主义者》开始在市面中流行，并因为销量可观，于次年再版。随之一起进入市场的还有摩西奶奶的圣诞贺卡，据调查，摩西奶奶的圣诞贺卡一共卖出了1600万张。摩西的画被理查德·赫德纳特口红广告特别命名为"原始红"。

1949年对于奶奶来说是非常重要的一年，在这一年的2月，摩西奶奶的儿子休去世。在经历了老年丧子之痛后，摩西的命途反而愈加顺利起来。5月，摩西奶奶荣誉加身，因为她"杰出的艺术成就"，被授予了女性全国新闻俱乐部奖，并得到了哈里·S.杜鲁门总统接见。同时，一个名为"摩西奶奶的画"的展览也在华盛顿特区的菲利普斯画廊举行。6月，位于纽约州特洛伊的拉塞尔·塞奇学院授予了摩西奶奶名誉博士学位。另外，摩西奶奶的画也被收录在了爱丽丝·福特所著的《美国画报民间艺术：新英格兰到加州》一书中；根据摩西奶奶的画作而制作出的布幕也开始由里弗代尔面料公司投入生产，同期阿特拉斯磁器公司发布了根据摩西四幅作品生产的一系列盘子。

1950年，由杰罗姆·希尔制作，埃丽卡·安德森拍摄，阿奇博尔德·麦克利什解说的关于摩西奶奶的彩色纪录片，入围电影节最重要的奖项之一的奥斯卡奖。同时，摩西奶奶的作品也开始

《1818 年有屋顶的大桥》，1940
年或更早，纺织物刺绣。
（19×24.1 cm）

图说故事：

　　这幅画大概是摩西奶
奶 80 岁时的作品。

　　摩西奶奶最早接触图
画制作时使用的是精梳毛
纱。在她儿时，缝纫和刺
绣是每个女孩必不可少的
教育内容。和看似枯燥的
画画不同，刺绣还有着实
用价值。20 世纪 30 年代，
当摩西奶奶暂时搬到附近
的本宁顿镇照料其患了肺
结核的女儿安娜时，第一
次开始用刺绣作画。

走出美国，在欧洲进行展出。在这一年，全国新闻界首次庆祝了摩西奶奶90岁的生日。为了庆祝摩西奶奶的生日，纽约州奥尔巴尼和艺术学院在9月7日至10月15日期间举办题为"摩西奶奶：90岁生日的画展"的纪念展，一大波艺术院的学生被摩西奶奶的魅力所折服。之后，她的事迹以及作品又被收录进了让·李普曼和爱丽丝·温彻斯特所著的《美国的原始主义者画家》一书中。还有令人惊喜的事情也在这一年发生，奥托·卡里尔建立了名为"摩西奶奶资产"的联合组织，对摩西奶奶的版权和商标进行管理，后续的许可项目主要是印刷复制和家用物品。

在成名之后，摩西奶奶的生活并没有因此而改变，她依旧过着平静的生活。

在1951年这一年，对于摩西奶奶来说，最大的事情莫过于在3月接受的宾夕法尼亚州费城摩尔美术学院的名誉博士学位，以及在4月，从老农场迁往路对面更舒适的平房中居住。1952年，摩西奶奶的自传《我一生的历史》出版，并改编成了电视节目《实况戏剧》。12月，摩西奶奶的简短回忆录《圣诞节》在圣艾蒂安画廊发布。1953年，摩西奶奶在《纽约先驱论坛报》论坛作为主讲嘉宾，并于10月20日被选为了享誉世界的著名杂志——《时代》杂志的封面人物。1955年，95岁高龄的摩西奶奶接受了"现在请看"电视系列节目的主持人爱德华·R.默罗的采访。在她95岁生日之时，托马斯·J.沃森和国际商业机器公司(IBM)美术部在纽约的IBM画廊做了《向摩西奶奶致敬》的演说，摩西奶奶受邀并前往纽约参加了开幕仪式。

1956 年到 1960 年期间，摩西奶奶的画作依旧在各地进行着展出。在 1958 年，摩西的女儿威诺娜·费舍尔去世，她的儿子福瑞斯特和儿媳玛丽担负起赡养义务，过来陪伴年老的母亲。

1960 年，在摩西奶奶迎来百岁生日之际，当时担任纽约州州长的纳尔逊·洛克菲勒宣布将摩西奶奶的生日作为纽约州的"摩西奶奶日"。IBM 画廊为了庆祝这位老艺术家的百岁寿辰，也在纽约举办了名为"我一生的历史：摩西奶奶画作私人藏品展"。摩西奶奶还在展览上与她的随行医生跳了一段舞，让人们对她的身体状况抱有很大信心。

1961 年，摩西的身体状况开始出现问题。经受了一个世纪风霜洗礼的身体，似乎再也支撑不下去了。在同年 7 月 18 日，摩西被送入了纽约州胡希克佛斯的卫生服务中心。让人欣慰的是，摩西顺利迎来了自己 101 岁的生日，时任纽约州州长纳尔逊·洛克非勒兴奋地再次宣布将她的生日作为纽约州的"摩西奶奶日"。不过，生命总是会终结，花期再长的鲜花也总有凋零的一天。12 月13 日，摩西奶奶的生命走到了终点。这位激励了无数年轻人的老人在卫生服务中心停止了呼吸，享年 101 岁，随后她被埋葬在胡希克佛斯的枫树林公墓。

为什么摩西奶奶会享誉全球

摩西奶奶被认为是最早成为媒体明星的艺术家之一。摩西奶

95岁摩西奶奶的肖像画：她在农场里穿着围裙画画。

奶的成名，除了她自身的魅力之外，美国政府也起到了一定的推动作用。

在冷战初期，部分美国政府官员甚至将摩西奶奶看成民主政体的文化大使。美国新闻总署让摩西奶奶在欧洲6个城市举办了作品巡回展览。

欧洲人对于摩西奶奶的事迹也十分惊叹，更让他们欣喜的是摩西的作品。欧洲人并不喜欢美国人的抽象艺术，而摩西的作品在他们看来"比那些新生代心理学和抽象主义画家奇怪的画作强得多"。

比起摩西奶奶的作品，她的事迹传播的范围更加广泛。一时间，世界各地几乎都知道美国有一位老人，虽然上了年纪，依然坚持绘画。还有什么比这个真实事迹更激励人心的呢？

时至今日，摩西奶奶的故事与作品还在世界各地展出，为那些迷茫的人指引方向，播撒着梦想的种子。

当我们在这里诉说她的故事，探讨她的成功之道时，早在几十年前，摩西奶奶就已经看淡了一切。她说，"我太老了，关注不了那么多了"。

其实，我们也早在她微笑着拿起画笔的那一刻，就已经从她的身上得到了答案——梦想没有年龄的限制，现在开始，就是最好的时候。

图说故事：

　　这副彩色石印画是摩西奶奶另一幅最早的作品，当时摩西奶奶78岁，这幅画被修改过。摩西认为应该"完善"这幅画，可能因为原图发现了缺陷，也可能因为原图被损坏了。这幅作品灰暗的色调——典型的19世纪晚期风景图——在摩西早期作品中重复出现。

《在马塞诸塞州的伯克希尔山上》，
1938年前，彩色石印画，经油彩修改。
（55.9×91.4cm）

第二章

人生漫长，别怕重新来过

我们常常因为手抱月亮，

而错过了整片星空。

图说故事:

　　《伯克希尔的秋天》是摩西第一次独立尝试模仿和适应19世纪普通彩色平面画作品。当时摩西奶奶大概78岁,这幅画作于一块帆布上,是来自摩西家农场上遮盖打谷机后的废弃物。该作品可能完成于20世纪20年代,比同主题刺绣版作品早。通过和刺绣版对比,可以看出画家是如何把针线技术转化为绘画的:摩西奶奶没有使用传统的混合颜料法,而是并列涂各种颜色,像多股不同色调的毛线。这种伪印象派画法得益于摩西丰富的经验和对风景画的敏锐感。

《伯克希尔的秋天》，1938
年前，帆布油画。
（20.3×36.2cm）

1.

1918 年，摩西奶奶创作了她人生
的第一幅油画。这幅画当时连名字都
没有，是她在遮挡壁炉的木板上的随
手涂鸦。20 年后，这幅画遇到了它新
的主人——艺术商卡里尔，他为它命
名为——《壁炉遮板》，并赋予了它举
世瞩目的荣耀。

《壁炉遮板》后来被世人评价其
水平之高堪比梵高。

创作这幅画的那一年，摩西奶奶
58 岁，在这之前她从没有画过画。

58 岁，这个年龄对很多人来说，
生命已经开始了倒计时。岁月悄无声
息地夺走了他们的活力，就像一棵老
树，很难再发出新芽。

2.

当人们慢慢脱去了稚嫩的外壳，
还有一样东西也在不知不觉中被一并
遗弃，那就是勇气。在你没有察觉的
时候，已经变得胆小了，变老了。对

25

所有的事情慢慢习以为常，对所有的开始都充满了警觉和担忧；学会了等待，却忘记了努力；习惯了回忆过去，叹气惋惜。

当回首看自己走过的路时，总有那么几个时间点会让我们想要乘坐时光机器返回，劝诫那时的自己："去尝试，去选择，去努力！"

但，我们总迷失在当下。不仅如此，在岁月的尘封下，对自己的信心，对新生事物的好奇心，对所有的一切都开始慢慢生锈。在很多事情的抉择上，开始试图去维持安稳的现在。

"就让我顺其自然地活着吧！"我们开始接受命运。

如果失败了，怎么办？

这是我们最常问自己的问题。我们怀着这份这份忐忑辗转难眠，开始计算成功的概率，盲目地扩大失败的概率。

在摩西奶奶成名之后，她变成了一个情感倾诉中心，因为人们从她身上开始反思自己，每天都会有来自世界各地的信，向她诉说：

"我想报钢琴学习班，可是那些钢琴学校里都是一帮孩子，可是我已经三十好几，会不会很丢脸？"

"我想学习法语，可是我是个结巴，我能行吗？"

……

1960年，摩西奶奶收到一封署名春水上行的来信，这是一名来自日本的粉丝，他在信中诉说着自己的苦恼，其实也是我们当下很多人苦恼的问题：因为家人和生存的压力选择了一份不喜欢但稳定的工作，但又对自己喜欢做的事情割舍不下。

摩西奶奶在一张明信片上给了他回复：做你喜欢的事情，上帝会高兴地帮你打开成功之门，哪怕你现在已经 80 岁了。

然而这简单的几句话，却改变了一个年轻人的命运，成就了日本文学史上一颗耀眼的新星。这个人就是日本当代著名作家渡边淳一。摩西奶奶的回复，让他决定弃医从文，听从自己的内心，重新出发。

3.

人生在不断地得到，也在无可避免地失去，人们习惯小心翼翼地维护着自己得到的那份，害怕哪天因为一个冲动的念头，失去了已经拥有的，变得一无所有；害怕一切的惊醒，归零。殊不知，我们常常会因为手抱着月亮，而错过了整片星空。

回想年少轻狂时的那份无畏和不羁，仿佛还是昨天发生的事情，但是今天就变成了我们心底最为渴求的东西，因为那时我们即便一次次在岔口走错路，可贵的是我们会毫不犹豫地折回去，重新来过。

人生漫长，年轻是一种心态，稚嫩的脸颊和健康的体魄不过是它的皮囊，而决定它内在的则是那份不怕失去，敢于重来的勇气。容颜的老去，没有人能够阻止，但是年轻的心态却没有人能够夺走。一颗年轻跳动的心，不会因为年龄而锈迹斑斑；不会因为琐事的牵绊，而显现疲态；不会因为害怕，而畏惧未来。在变幻莫测的时光里，心态很难不苍老。摩西奶奶拥有一颗让人羡慕的心，她专注于一项自己手中的画笔，依此与时光抗衡，保持着年轻的心态。

《雪伦多亚河谷，南部分支》（第28页），约1938年，油布油画，左下角署名。
（50.2×35.5cm）

《雪伦多亚河谷》（第29页），约1938年，油布油画。
（52×41.3cm）

上页图说故事：

　　这两幅画是78岁的摩西奶奶把一幅图撕成了两幅图。

　　有一个常被提起的故事，是说路易斯·卡尔多第一次来到摩西农场，摩西奶奶恰好外出。所以他询问摩西的儿媳多萝西摩西奶奶手中有多少作品，还称自己第二天会再来拜访。摩西回家后，得知多萝西告诉卡尔多有10幅作品后被吓坏了，因为她只有9幅画。辗转反侧一夜后，摩西把一副较大的画裁成两半，兑现了多萝西的承诺。但现存的这两张半幅画不能完全匹配，显然摩西剪掉了画中间的一部分，可能是为了作品效果，也可能是为了和画框匹配。

我们渴望在她的身上看到未来的自己，即便年老色衰，依然有着饱满的精神，年轻的心态，勇敢地朝着自己想去的地方大步向前。这是我们理想的模样，是在我们的规划图中最期待的晚年。

4.

在摩西奶奶身上，我们看到无论年轻、衰老、富有、贫穷，只要你对生命有所向往，就能拥有生机勃勃的胆识与气质。

人生是一个不断地自我尝试和修正的过程，只有懂得不断地尝试新鲜的事物，丢弃自己的过去，敢于在未知的白纸上写下新的印记的人，才能创造出让人羡慕的未来。

我们不要总被自己吓坏，也不要总是担心事情会朝着坏的方向发展。不要在没做之前，就预设一个糟糕的未来，毕竟只有播下了种子才能有发芽的希望。如果在还没有播种之前，就开始担心暴风雨的来袭，担心收成欠佳，连播种都提不起勇气，那么你的人生注定是荒凉一片。任由时光将梦想掐死在摇篮中，自己慢慢变得和周围人一样，像个流水线上的产品，没有个性，没有生气。

梦想并不需要小心轻放，而是需要付出，努力，不顾一切地去追寻。也许在追梦的路上，会有轻视的目光，有阻挠的叫嚷，有淡漠的态度，有冰冷的唾弃，但是这些都是成功的细胞，梦想的零件。

在很多时候，人们必须做出抉择：重新出发。生命正是因为有了裂缝，才能让阳光照射进来。生命正是经历了薄凉，才能感受到温暖；正是因为有了低谷，才有高潮；忍受了痛苦，才能享受快乐。

人生漫长，一切都还来得及。

《燃烧的特洛伊》，约 1939 年，纸板油画。
（22.8×28.5cm）

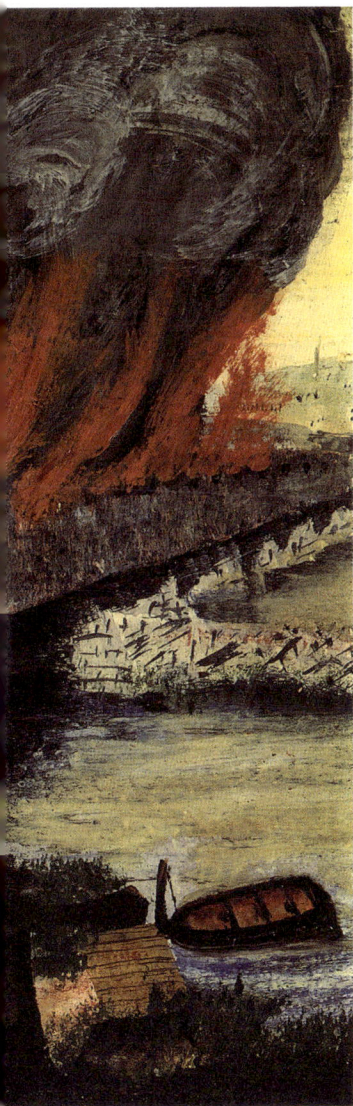

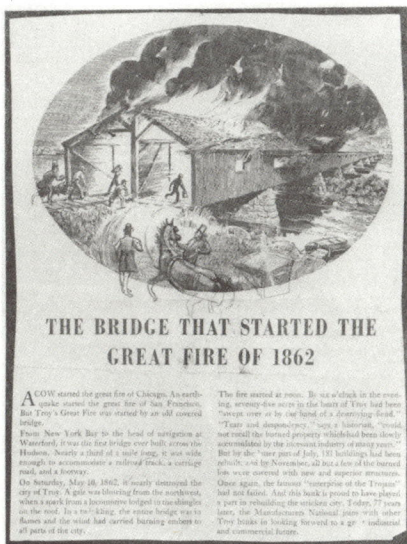

THE BRIDGE THAT STARTED THE
GREAT FIRE OF 1862

图说故事：

　　这幅画大概是摩西奶奶 79 岁时的作品，摩西习惯根据已出版的作品来源画画，从而获取单凭记忆和观察无法获得的经验。《燃烧的特洛伊》描绘了摩西两岁时的一件奇闻，发生在距离鹰桥镇大约 25 英里的一座城市。摩西最初对这个主题的描绘明显模仿了一张发表于 1939 年的报纸图片（上图）。剪报上的铅笔标记显示了摩西是如何计划放大图案，把椭圆改成矩形。她的画颜色对比强烈，虽然改动很小，但远比原图更吸引人。

图说故事：

这是摩西奶奶 83 岁时的作品。

对比第 32 页的作品，后来的一版"特洛伊之火"显示了 83 岁的摩西奶奶在这四年中艺术上的成长。这幅画中，燃烧的大桥在现场的定位更确切，两侧的河岸线细节更清晰，更真实。

作品不仅在空间上，也在时间上给事物定位：从更广阔的空间看，既可以对画中的场景产生直观理解，又可产生隐喻的理解，因此带来历史感，而戏剧性的即时感则被削弱了。

《1862年燃烧的特洛伊》，
1943年，木板油画。
（47.7×75.8cm）

第三章

最好的，总在不经意间出现

上帝安排的一切，
让你放弃或等待，
不过是为了将最好的留给你。

1.

上帝是位仁慈的老人，为人们准备了各种各样的礼物，总是在最不经意的瞬间发放到各自的手中。

摩西奶奶的大半生可以说命途多舛，但她在晚年得到了几份尤为珍贵的礼物。

1932年，当摩西奶奶离开家到本宁顿去照料自己患有结核病的女儿安娜时，这位母亲就收到了上帝的一份礼物。虽然这份礼物在最开始的时候，被她戏称为"最糟糕的刺绣画"，不过却让她的艺术细胞开始萌芽，由此开启了她的艺术生涯。

在刺绣时，摩西奶奶开始在大自然间游走，爱上了这个被造物者眷顾的世界，慢慢熟悉了色彩的运用。从那时起，她的脑海里开始有了各种构思，那些细针在布满皱纹的巧手穿梭下，变成了一幅幅漂亮的刺绣画。

在摩西奶奶58岁的时候，她又收到了一份礼物，这一次上帝决定"重新塑造"一个新摩西奶奶。不过，这次礼物的发放先要以病痛为代价。那一年，摩西奶奶开始被关节炎折磨，她不得不放下了刺绣的针，在亲人和朋友的建议下，拿起了画笔，开始了自己的绘画生涯，没想到一画就画到了生命结束那一刻。

当然，天赋并不等于可以毫无顾忌地横冲直撞。因为上帝在赐予人们天赋的同时，也给这份天赋增加了一份属性，让它不会在第一时间一鸣惊人。因为一切惊喜都需要等待，都需要时间的见证，等待有心人的发现，然后才能熠熠生光。

在等待的过程中，并不是要我们去懈怠，而是去珍惜现在，去准备，去丰富自己。就像摩西奶奶那样。摩西奶奶在开始自己的绘画生涯之后，画了很多生活中根本用不完的画。身边的一切都成了她的素材，每一次下笔都是心情的表达。

2.

当然，每一次的付出都会被给予期望，希望得到认同。当她将这些画连同自己制作的水果罐头和果酱一起送到剑桥乡间展览会的时候，她的水果罐头和果酱都获了奖，但是画作却没有。这是一件让人遗憾的事情，让怀着十分期望值的人，收到了十分失望值的反馈。就如同一个人想要将自己发现的钻石拿到街上去贩卖，别人却告诉他，别傻了，那是块石头。

那些散发不出光亮的天赋，往往会在人们冷淡的态度中，渐渐萎靡，最后退出人们的视线。这是上帝对每个人的考验，如果能够经得起这样的考验，你的天赋便可以发出耀眼的光芒。如果没有，抱歉，你要回归到普通人的行列，重新列队整合，走出千

MOSES.

《家中的后院》(第 38 ～ 39 页),1940 年或更早,纸板油画,左下角署名。
(30.5×42cm)

图说故事:

这幅画大概是摩西奶奶 80 岁时的作品。

《家中的后院》的内容正如标题文字描述：从车道上看画家自己的农场。虽然角度有点斜,建筑物之间、建筑物与周围景物的关系还是比较协调的：前景中的谷仓比后方的房屋大,两者都遮住了远处郁郁葱葱的山。

篇一律的步伐。当然，这个考验的期限并没有时间设定，也许是一个月，也许是一年，也许是十年……

当天赋失去光亮的时候，所有在天赋支持下完成的创作都会蒙上灰尘，就像是陈列在药房窗户旁边的摩西奶奶的画。当然，摩西奶奶也从来没有抱有太大的希望，她从来没有想过自己有一天会名扬天下，她想要做的不过是把自己看到的，观察到的，触摸到的，全都记录下来。虽然这些画有些笨拙，但却自然、纯真，让人们仿佛回到了孩童时代。那些并没有经过专业训练的笔触，更像是上帝的恩赐，没有了框架，反而更加自然。

当你有了足够的自信，当你将所有质疑都排除出局，只沉浸在自己喜欢的事情中时，你要相信，早晚有一天，上帝会撤去那份天赋上的灰尘，让它发出刺眼的光，照亮你的生活。

3.

1938 年的复活节，纽约收藏家路易斯·卡尔多发现了摩西奶奶的画作。这位纽约市税务局的工程师，对各地具有艺术气息的作品有着敏锐的嗅觉。当他经过胡希克佛斯小镇的药店时，就被摩西奶奶的画作吸引了，并索要了摩西奶奶的名字和地址。

一切的惊喜都来得猝不及防，这些惊喜带着希望与不安，在人们面前展现着自己的风姿。当然，有时候惊喜也需要考验。当卡尔多将摩西奶奶的画带到纽约，并开始在各大博物馆和画廊奔波推广之后，人们在欣赏这些画的同时，开始用世俗的眼光计算

《林中的火》(第42~43页)，1940年或更早，纸板油画。
(26×38cm)

图说故事：

  《林中的火》大概是摩西奶奶80岁时的作品。它很明显是模仿了某件印刷品，虽然具体来源还不确定。画中的颜色再一次证明它属于19世纪彩色绘画的风格，且画的主题毫无疑问和摩西奶奶相似，但无法直接通过观察确认如此。

这些画可以给自己带来的价值。当这个预估值低于自己的期望时，他们果断选择了放弃。不过，幸好卡尔多这位上帝选中的人，有着出人意料的坚持。他不断地奔波，最后将摩西的画作成功地在圣埃蒂安画廊展出。

如果你认为这便是上帝最好的安排，那便大错特错了。因为几个月之后，摩西奶奶的演讲让她爆炸式地走红，成了美国的超级巨星，这才是上帝送上的最终大礼。

当摩西回顾这些事情的时候，她并没有太过激动。在她看来，那些不过是上帝准备给自己的礼物，她坚信上帝给的东西一定会是最好的，也一定会出现。

其实上帝喜欢将礼物藏在细碎的时光里，等待着你去寻找，去发现，但是不要总去惦记，毕竟有些时候，你炙热的目光，反而会让自己在寻找礼物的路上迷失自己。

当你留意到这一次的放松给自己带来的快乐，就开始变得自由，不再被功利的心束缚，不再在意上帝的礼物何时会降临。你开始花费更多的时间与精力倾注在目前的工作上。没有时间再东想西想，因为现在你决定要花尽自己的精力去完成眼前的作品。

当人们专注于一件事情的时候，就开始忽略它的成功与失败，忽略这件事带给自己多少好处，也忘记了它可能会带给自己的坏处。

MOSES

《浑浊起伏的密苏里河》（第 46～47 页），1940 年或更早，
纸板油画，右下角署名，背面题诗。
（30.5×40.7cm）

图说故事：

在《浑浊起伏的密苏里河》中，摩西描绘
了一幅远景图——没有人工遮盖的风景。这幅
画大概是摩西奶奶 80 岁时的作品，它有一首题
诗在背面，虽然摩西不是这首小诗的作者，或
许也从没见过密苏里河，但却像是原作。画中
的风景和摩西居住过的新英格兰出奇地相似。

4.

也许在专注的时候，你会遇到困难，遇到阻拦，但应试着把这一切都看淡，只留意身边最美好的细节，就如同摩西奶奶一样，她看到篱笆上的青葡萄，就想要画下来，就想要把它做成果酱。

不奢求太多的人，才能享受低头抬眉的美好，他们没有太多欲望的牵扯，专注于自己的事情，他们的眼睛里会闪烁出别样的光，成为一道赏心悦目的风景。即便是毫无关系的旁人，也会被这样的人吸引，被带到他的世界，那个地方只有他一个人，周围的一切都与他无关。这时候，你会觉得，即便打扰一下他，都是一种罪过。

当你有了足够的魅力去感染别人，你就会感受到这其中的美好，到那时，你哪还有时间去患得患失，哪有时间去猜来猜去，哪有时间去揣摩别人的心思呢？你若盛开，蝴蝶自来；你若精彩，最好的也将永远留给你。

上帝不会无缘无故地做出莫名其妙的决定。它安排的一切，让你放弃或者等待，不过是为了将最好的留给你。世界上所有的欺骗、侮辱与伤害，都是这个世界对你温柔以待的开始，也许开始有些残酷，但跨过这一步，你便能够得到最棒的礼物。

图说故事：

　　这幅画是摩西奶奶 82 岁时的作品。和"特洛伊之火"一样，"方格纹房子"也是当地的传奇。这座房子坐落在收费公路旁，18 世纪曾是一个公共马车四季更换马匹的旅馆。在美国革命战争期间，这里成了鲍姆将军的总部和战地医院。房子前的方格纹板使其成了明显的地标，到 1907 年被烧毁后很久还被人回忆起。

《1860年的方格纹老房子》，
1942年，木板油画，右下
角署名。
（40.7×50.8cm）

第四章

每个阶段都是最好的时光

人生每一段岁月，
都应该被灿烂包围。
每一段时光，
我们都不应该辜负。

图说故事：

　　这幅画是摩西奶奶 84 岁时的作品。

　　摩西画了很多版《方格纹老房子》，有冬天的和夏天的。当有人问她每次都是怎么有新的创作想法时，她说想象着自己正透过窗户看到景物。这样她通过调整视野，每次元素的位置在画中都不一样。《1860 年的方格纹老房子》完成于 1942 年，是较早的一版。通过对比，1944 年的版本显得更大，显示出摩西奶奶作为画家变得更自信了。

《方格纹老房子》，1944 年，木板油画。
（60.7×109.4cm）

1.

摩西奶奶开始绘画创作的时候，已是 58 岁，可仍充满童真。她喜欢细数每一个阶段的阳光，并为此感到很快乐。在她那里，没有一缕时光是可以浪费的。

只是，却没有几个人能够像她这样活在每一段时光的最美好的年华里。对于我们大多数人而言，最好的时光，就是那些一去不复返的日子。我们怀念它并不是因为它当时的美好，而是我们永远无法再拥有的失落。

摩西奶奶说：有些人总是说晚了，晚了。事实上，现在就是最好的时光。那些真正有所追求的人们，他们生命中的每一个时期都是美好的、完整的、年轻的、及时的。

给你一幅画：画里有青春的气息，有大自然的味道，有泥土的芳香；有火辣辣的太阳，有高耸翠绿的山峰，有四处觅食的小鸡。这是摩西奶奶最擅长的画风，不沾一点世俗风气，有的只是如孩童般俯在母亲耳边的绵绵细语，清新自然，沁人心脾。

摩西奶奶已经 80 岁了，二八年华的美好已经远远离她而去。

她所出生的那个农场，承载了她20多年的光阴。在那段时间里，她像大多数生活在农场的妇人一样，在农场务工，追赶着不听指令的小鸡或者是小羊。

这时，岁月静好，忙碌而又很充实。

27岁，女人的另一个天堂。在这个年龄段，摩西奶奶嫁作人妇，成了别人的新娘；昔日还依偎在母亲怀抱撒娇的女孩，如今也承载上"母亲"这个沉重而又温馨的字眼。当她看着五个活蹦乱跳的孩子时，世间流动的一切都已经静止了，暖光四射，温柔迸发。对于女人来说，最美好的时光，大抵就是如此吧！

她的双手几乎没有停止过，为了生活，她需要挤牛奶，需要帮人家装罐头，需要给别人家擦地板，原本就不光滑的手指，显得更加粗糙了。幸福吗？幸福。为什么？你听听窗外那银铃般的笑声，你看看孩子们吃饭时的满足。这就是对世间幸福的最美回答。纵观这世上的万事万物，哪有什么东西能够比得上家人的笑声，又哪有什么钟表可以将这段时光铭刻呢！

到了中年，五个孩子像一只只跃跃欲试的雏鸟，每日趴在窗前，盯着窗外的世界，抑或更遥远的世界。他们的眼睛里有渴望，有向往。于是，摩西奶奶打开了窗户，按照雏鸟的生长程度，将他们一个个地推出窗外：飞吧，就像当初你们的母亲一样，飞到你们的爱人的怀抱，去迎接另一段神奇而又美妙的世界。

这个时候，摩西奶奶还会感到幸福吗？对于一个母亲来说，当她的子女全部离开她的时候，她含笑的嘴角是否也在咀嚼着苦涩呢？这个时候还会幸福吗？当然，很幸福。孩子们已经有了更幸福

《1760 年冬天的老橡木桶》(第 56 ~ 57 页), 1944 年, 木板油画, 右下角署名。
(61×86.4cm)

图说故事:

这幅画是摩西奶奶 84 岁时的作品。

和摩西很多早期作品一样,《1760 年冬天的老橡木桶》结合了地方景物和个人经历。1877 年,年轻的安娜·玛丽为一个年老的女人戴维·伯奇夫人做女佣。伯奇夫人告诉安娜·玛丽农场上最好的地方是原始美,著名的歌《老橡木桶》也因此诞生。然后伯奇夫人讲了下面这个故事:

早在 18 世纪,(伯奇夫人的)曾祖父生活在这里。他还有一个哥哥,在少年时期和邻居的女儿相恋。但女孩的父母反对她跟保罗·丹尼斯在一起,因为他和他的家人是穷人。于是问题来了,一对年轻人开始相互写信,用一棵苹果树当邮局,晚上悄悄溜出来交换信件。后来保罗当了三年水兵,那时每个人都要服役三年,保罗年少思乡,于是写下了"老橡木桶"的诗集。三年期满时,他回到波士顿,把诗给了伍德沃斯,此人给诗谱了曲,开始吟唱它们。

《1760 年冬天的老橡木桶》是摩西奶奶最爱的作品之一。她在 1941 年因此作品第一次获得纽约州奖后,收到了很多关于重画这幅作品的请求。她每次都会答应请求,但重画的每一版都不同。

的能力，而摩西奶奶也完成了育人的使命。她可以把更多的时间和精力，放在自己的爱人身上。可以在等待爱人的时候，画上一幅画，或者是抹上几笔色彩；爱人回来的时候，可以相伴去不远处的槭树园，像孩子们在的时候那样，拨弄槭树汁，用绘画的摆盘装盛熬好的糖浆。尝上一口，甜上心头，这味道似乎又把那五只小雏鸟吸引过来，他们争先恐后地从不同方向涌来，他们如以往那样，在很远的距离呼喊着那个最美的名字，然后又以很快的速度抢夺刚刚熬好的糖浆。这一刻，光是想想，就已经很是幸福了。

到了80多岁的时候，曾孙子依偎在自己的身旁，听自己絮絮叨叨地讲述着记忆中的过往。这个时候，皱纹已经爬满了摩西奶奶的额头，笑起来，脸上有了一条条的波纹，好像一个微笑还不足以诚心，必须用这些波浪形的纹路来表示自己的开心。

这个时候的摩西奶奶早就没有了光滑的皮肤，没有了乌黑的头发，连那原本就皮肤松弛的手指也披上了一层毯状的物质，这一切的一切，都表示出，她已经衰老。

可摩西奶奶却说：80岁，多么美好的岁月；80岁，足够经历世间所发生的一切，也足够承受岁月带来的蹉跎；80岁，上帝给了足够充裕的时间，让一个女人去享受童年，去追蝶扑蜂，去认识一个足够好的青年，去孕育一群可爱的儿女，去做自己喜欢做的一切事情。80岁，这些都已经足够了。

80岁的脸上，每一道细纹都彰显了一段岁月，每一根白发都承载了时光的力量，就连日益松弛的双手，也已经过时间的打磨。她的每一个眼神都可以为你讲述一段故事，如果你愿意，她会把

MOSES.

《我的故乡》(第 60～61 页),1945 年,木板油画,右下角署名。
(40.7×50.8cm)

图说故事:

这幅画是摩西奶奶 85 岁时的作品。

《我的故乡》可看出摩西对家乡的定义,她对出生地的家乡有深厚的感情。这幅图描绘了纽约北部的山和河谷:人们正在收割,秋天的图画中有金黄色丰满的干草,绿色和红色的植物以及灰棕色的土地。

时光中最动人的歌声唱给你听。这是多么美好的时刻啊，还有哪一个时刻比现在这般更通透，更有力么？

而你，你还是披着二十几岁的外衣，絮絮叨叨地说着历史般久远的痛苦么？你还喜欢顶着一头乌黑的秀发，却假装熬尽了岁月沧桑的厚重么？或者，你还在埋怨着悄无声息生长出来的皱纹，还在细数着昨天的美好和今天的苍老。只是，你或许忘了，在过去的某一个时光，你所抱怨的正是你现在所怀念的，正如在以后的某一个时间里，你所怀念的也正是你现在所抱怨的。

那么，我们何不从现在开始，爱上这一刻的时光。

2.

摩西奶奶说：世界上最公平的是时间，最不公平的也是时间，别人没办法从你这里偷去，而你却也没有能力将时间静止。它随着自己的意愿从每一个人身边滑过，不管你是悲伤的还是快乐的，不管你是寂寞的还是高兴的，它都不理会。在经过你身边的那一刻，它会带走你之前的所有情绪和伤悲，不会给你留下过往时的悲伤，也不会给你留下过往时的磨难，当然，它也不会好意地将过往时的快乐留给你当作纪念。而我们要做的，就是努力把握住那些还未来得及溜走的时光，享受我们生存的每一个阶段，将每一个阶段里的故事，在时光还没有收走之前，紧紧地收藏。

摩西奶奶在绘画之前，住在农场的一座小木屋里，每日和花草为伴，品味着一锄头一耕耘的快乐。她说，她如果没有选择画

MOSES.

《怀特塞德教堂》(第64～65页),1945年,木板油画,右下角署名。
(24.8×43.2cm)

图说故事:

这幅画是摩西奶奶85岁时的作品。

安娜·玛丽12岁时,受雇于其远亲怀特塞德家做家务帮工。怀特教堂是这一家的祖辈在1800年左右修建的,教堂供几个教派每周聚会用。教会成员(包括一些摩西的亲戚)被埋葬在这里的小墓地。《怀特塞德教堂》是一个相对精确的重现,对摩西来说很重要,不光因为这里有她过去的生活,主要原因在于这是社会活动的象征。在电话出现之前,礼拜日发挥了社会和精神功能。"星期天去教堂在过去是一件令人愉快的事,"摩西写道。"这样我们可以交流一周的新闻,在祈祷中度过一天,感恩,唱歌,愉快地休息一天。"

画，或许会选择养鸡。她喜欢跟着自己的感觉走，喜欢自然的一切，她的生活美好惬意，而又充满了诸多智慧。

3.

萧伯纳曾经说过："如果仅把年少时的时光当成是年轻的，那是一件多么可悲的事情。"而在摩西奶奶看来，年龄的增长，意味着可以更好地理解生活，享受生活，可以更加懂得生活的乐趣。每个人都应该学着去享受现下的时光，应该怀着一颗感恩的心情去接纳和拥抱。是的，现在的我们还活着，这就已经是天大的感恩了。

那么，什么才是属于我们的美好？放下我们手中的工作，和摩西奶奶一起走入田间？或者是学着摩西奶奶的样子，带着家人去野外熬上一盘糖浆？都不是。在都市长大的我们，无法做到那样的洒脱，我们所需要的美好，只需要从我们身边寻找。

路人善意的招呼，孩童开心的笑语，蜷缩在你脚下躲避行人的小动物，被风拂起的长发，抑或是随风飘舞的短发，这些都是值得我们开心的事情。因为在这一刻的自己，才是最好的。所以，我们应该学着停下来，不要着急前行，也不要沉迷在往事中无法自拔。我们应该时常照照镜子，告诉自己，这就是你的现在，镜子里的自己代表的不是过去，也不是将来，而是此时此刻的每一分每一秒。要想对得起镜子里的那张脸，就需要你享受现在的时刻，把握住现在的美好。不要让现在的美好成为你将来遗憾的感念。

生活的本质就在于体验，在于全身心地去感受现下的生活，而每一个现下都应该是最好的时光。

图说故事：

      这幅画是摩西奶奶 87 岁时的作品。

      秋天是摩西奶奶描绘最少的主题。这可能令人惊讶，因为纽约北部和新英格兰的秋天景色都很出名。可能是因为这种景色不能吸引摩西。在这个季节，夏末的收割结束了，快乐的冬假又还

《一年的秋天》，1947 年，木板油
画，右下角署名。
（49.7×55.3cm）

第五章

缩小你的梦想更容易成功

梦想不是用来自我标榜的，

也不是用来空许的，

而是用来实现的。

没到来，多少有点无趣。但摩西的"秋景"作品也不比其他作品
逊色。《一年的秋天》里有很多时宜的活动：采摘苹果和为冬天晒
干草。色彩比摩西其他作品更丰富，更朦胧。绿色、红棕色和黄
色交相辉映，景色给人将要进入冬眠期的感觉。

1.

梦想似乎是人们关于生命、关于成功的探讨中永不褪色的话题。

从人们开始了解这个世界起，从给成功下了一个定义开始，孩子便在父母期许的目光中，定下一个梦想。

人们常说，梦想可以是五颜六色的，可以是千奇百怪的，但认真观察不难发现一个共同特点，大部分人习惯将自己的梦想框在华丽而梦幻的范围内，当超人，当科学家，成为世界首富……

人们纷纷在这些梦想中安营扎寨。他们或是每天沉溺在这些梦想中，却不愿意去努力，仿佛想一想就能够轻而易举地实现；或是被这些梦想压得喘不过气来，如同背着一座高山，却总想着抵达千里之外。

人们习惯了给自己套上一身华丽而不合身的梦想的外衣行走在人群中，到处炫耀，可是却总让人感觉就像孩子偷穿大人衣服一样不搭。他们宁愿穿着这样与自己不搭的衣服，也不愿去缩小衣服的尺码，仿佛只有那样，他们才是万人瞩目的；只有那样他们才能抬高身价，却不知道何时起，他们被这些过于远大的梦想，牵住了步伐。

摩西奶奶不是一个传统的励志榜样，她并没有给自己制定过太远大的梦想。在年轻时，照顾好全家便是摩西奶奶生活的全部，她每天要做的便是制作黄油、薯条，照顾孩子，在家庭琐事中兜兜转转。这样掺杂着汗水的生活，让她满足、快乐，至于当享誉世界的艺术家，那可不是她要想的事情。作为一名妻子和母亲，她最奢侈的梦想，便是使用 house paint 来装饰防火板，让那里不再枯燥乏味，或者把碎布转化成有用的或者美丽的东西。

即便在晚年时因为关节炎不得不放弃刺绣而拿起手中的画笔，穿行在周围的湖光山色或者繁华闹市之中，描绘出那些充满了童真的画时，摩西奶奶依然没想去创造一个奇迹，没想过出名，更没想过自己的画作会在不同的国家展出。她想的只是将自己看到的，感受到的，用彩色的画笔，用稚嫩的线条记录下来。那不过是自己在得了关节炎之后，妹妹克里斯提亚给自己提出的一个建议罢了。而这个建议她也不认为有多么了不起，这不过是"身体机能使用相对较少，易于操作的技能"而已。

可就是这样的一位老奶奶，在她 80 岁的时候，竟然开办了自己第一个画展，引起了世界的瞩目，引起了全球的追捧，一直被当成一个奇迹。

不要以为这些都只是运气，没有一个奇迹是一蹴而就的，没有一份荣誉的背后不闪烁泪滴。当然，除了这些，我们还要看到一些额外的东西。这些东西，让我们思考，也让我们认清自己。

因果的真相

《因果经》是佛家最经典、流传最广泛、信众最多的经典之一。其中揭示了宇宙万物运转不息的规律，以及脱离无尽烦恼和苦海的方法。台湾最受媒体欢迎的心灵导师——庄圆法师，以普通人的视角，从身边最常见的生活琐事入手，以风趣、朴实的生动口语讲解，浅显生动之中将奥妙精深的佛法缓缓道来，帮助劳忙的现代人舒缓身心压力。

ISBN 978-7-5527-0302-3

出版社：甘肃人民美术出版社　定价：39.9元　开本：16开　出版日期：2014-10

心经修心课：不烦恼的活法

出版社：华文出版社　定价：38元　开本：16开　出版日期：2014-1

订购电话：6436 0026（发行部）

NEW

佛陀传

ISBN 978-7-5075-4282-0

出版社：华文出版社　　定价：38元　　开本：16开　　出版日期：2015-1

书中讲了人与人、人与佛之间的相遇际遇，别离与寻找的故事。不同的故事，不同的人性中，都有我们自己的影子。佛陀走过的修行之路，其实是我们每个人的人生旅途。作者濑户内寂听一生波澜壮阔，阅历非凡，她在八十岁高龄撰写佛陀传记，字句世事洞明、佛法参透，因而传递给读者的文字也清澈、温暖，直抵人心。

《心经》是大乘佛教的核心经典，被作者赋予了新的时代意义，运用自己半个多世纪的人生智慧，向读者娓娓道来生命中到底应当怎样才是真正的心灵依靠。全书文字简单优美易懂，字句之间渗透大乘佛法核心智慧，让我们获得当下智慧，拿得起，放得下，世间酒色财气。当心有苦恼，躁郁难平之时，我们可以通过持经、诵经，抄经来稳住心神，获得不被外界干扰的巨大能量。

MOSES.

《犁地的男孩》（第 72 ～ 73 页），1950 年，纸板油画，右下角署名。
（30.5×40.7cm）

图说故事：

这幅画是摩西奶奶 90 岁时的作品。

如果说单独的农场活动一起构成了摩西的人生观，那指的就是缝纫和收割的过程，以及每年的生产活动所得。安娜·玛丽还是小女孩时上了点学，直到老年她还能回忆起一些小诗。她写下了这首关于收获的诗：

他们播下了种子
不间歇地观察，仔细地聆听
手在土地上飞舞
走过之处土壤变白
将变成满满的收获
播种不分白天和黑夜
时而乏弱，时而有力
或和缓，或急躁
肯定会丰收

2.

如同世界上那些熠熠生辉的名人一样，如果我们仔细观察，就会发现其中的秘密：他们成功的方式虽然各不相同，甚至千差外别，但是细细品来，却可以在很多人的身上总结出一个大致的共同点：他们在开始时如同蚂蚁一样弱小，但怀揣梦想，脚踏实地地活着，最后都像摩西奶奶一样震惊了世界，让自己的名字留在时间的长河中。

就像是爬山一样，一个笨拙的登山者，可以将珠穆朗玛峰定为自己的终极目标。但是如果他想都不想，准备也不准备，就狼狈上路，那么也许在走了几百米以后，他就会主动放弃，然后下个定义，"这辈子，我是不会爬上这座山了"。梦想就像是一个氢气球，能够承受得也就这么大，如果给它加入太多的氢气，最后它只会爆炸，而自己也会在这场意外中遍体鳞伤。何必用一个远大的梦想去框住自己，而不是从现在开始一点点努力呢？如果自己想要种出一棵高大的橡树，只有播下种子，辛勤浇灌，才能成为现实。如果只是每日每夜地空想，那棵树永远都不会长高长大。

因此，不要去做空想的梦，要活好当下，迈好自己的步伐。梦想不在大，踏平了，即便小梦想也可以化成黑暗中的微光，带给你灿烂的光芒。

梦想总是带着一些让人不易察觉的东西，像绳子一样，牵着人前进。像摩西奶奶一样，怀着一个连自己都可能察觉不到的梦想，活得知足而幸福，也是一种幸事。上帝最愿意眷顾那些活在

MOSES ©

《大家缝活动》（第 76 ～ 77 页），1950 年，木板油画，右
下角署名。
（50.8×60.9cm）

图说故事：

　　这幅画是摩西奶奶 90 岁时的作品。

　　《大家缝活动》和《旧时光》描绘了女人
们在农场干活的快乐时光。在两幅作品中，家
庭和社区都很快乐。《大家缝活动》给人们提
供了社交的机会，同时也有实用意义。《旧时
光》中的宴会表现了愉快的聚会，但做饭（特
别是女人们）也是一件辛苦的工作。但摩西没
有参与过这项工作，所以在她看来这种聚会纯
粹是快乐的。缝纫和烹饪的工作乐趣不仅仅因
为可以培养友谊，也可以为自己带来利益。

细碎时光中的人们，他们虽然看似普通，却散发着不一样的味道，这味道淡淡的，却不容忽略，所以她的画作被注意到了，被带到了纽约的画廊，被介绍给了全世界眼光颇高的艺术家们。

命运女神总是眷顾那些轻装上阵的人，他们丢弃了沉重的包袱，享受着命运的安排。即便前面是荒芜的沙漠，他们也愿意在此等待花开。

也许远大的梦想更能给人安上光鲜的标签，但是无数的白日梦也会让人沉沦，也会让你与心中的目标渐行渐远。

为什么要被巨大的梦想压住脚步？为什么对街边的风景不屑一顾？为什么你总被高高吊起，重重摔下？何必给自己那么多沉重的包袱，简单些，随意些，也许将前进一小步作为目标，下一秒，便会迎来奇迹。

3.

每个人的梦想都从撕掉日历中走来，梦想不是用来自我标榜的，也不是用来空许的，而是用来实现的。只有在自己画出的梦想的轨迹中，沿着设定的样子，脚踏实地往前走的人，才能看到意想不到的光亮。

每个人都有自己的欲望，在年轻时，这些欲望像是抽打着自己不断前行的鞭子，催促着我们赶路。可是，人们却容易在这份规划中迷失方向，最后慌里慌张地不知所措，让不安和迷茫占据了整个心灵的空间。在这时候，一个声音就开始在心底里生根发芽，那个声音不断地告诉自己：放弃吧，那是遥不可及的梦想。

《谷仓屋顶》（第 80 ～ 81 页），1951 年，木板油画，右下角署名。
（45.6×61cm）

图说故事：

这幅画是摩西奶奶 91 岁时的作品。

不必惊讶，摩西的自传中描述男人工作的细节远比讲述自己参加的活动少。但她的作品很好地描绘了诸如木匠和铁匠之类的男性活动。这些必要的活动出现在摩西描绘的井井有条的乡村生活中。男性的世界，没有女人和孩子们的嬉戏，但也是愉快的。没有暗示说男人的工作是枯燥无趣的，相反，所有的工人看起来都很自豪，和自然环境很协调。

这个声音日日夜夜在你耳边回响，每时每刻扰乱你的心房。这个大大的梦想像是吸了水的海绵，不断地在你脑海里增加它的重量。终于有一天，你被这个声音压得透不过气来，连呼吸都被苦涩淹没。当那个声音再次响起的时候，你举手投降。你坚信，这确实是个遥不可及的梦想。

你的梦想就这样像个泡沫一样，被现实捅碎了。然后你开始伤心难过，制造另一场泡沫。

何不改变方式，像摩西奶奶那样不去遥望，缩小自己的梦想？

减轻自己的负担，你会发现，阳光如此美好，世界如此缤纷，哪怕是一件接近梦想的小事，都会让你心满意足。在英国的威斯敏斯特教堂旁边，有一块特殊的墓碑，这块墓碑上的碑文将很多每天只沉浸在自我幻想中的人拉回了现实。墓碑上是这样写的：

> 在我年轻的时候，我梦想着去改变这个世界；当我成熟的时候，我发现自己无法改变这个世界，所以我放低了自己的目光，决定去改变我的国家；当我年华老去的时候，我发现我改变不了我的国家，我只想去改变我的家庭，但是最后的最后啊，我才明白我能改变的只有自己。

缩小自己的梦想，一步步迈着坚实的步伐前进，接住上帝赐予的每一份礼物，朝着心目中最光亮的地方前行。抛下浮躁，拖着稚气，捎上勇敢，背上豁达，迎接一个未经修饰的未来，也许你的终极梦想就停驻在那里，等着你。

第六章

做自己喜欢的事，获得与岁月对抗的力量

人生最大的幸福，就是做自己喜欢的事，爱自己喜欢的人。

《农场搬家日》，1951 年，
木板油画，下方中间署名。
（43.2×55.9cm）

1.

把一分钟用在你喜欢的事情上，你会发现，这一分钟也会变得异常美妙起来。

摩西奶奶曾经收到过一封信，这是一个日本的年轻人寄来的。年轻人在信中不停地诉苦：他喜欢文学，几乎到了痴迷的地步，他每时每刻都想从事这份行业。只是，大学毕业之后，却碍于生活和亲情，找了一份自己并不喜欢的医学工作。从做这一份工作开始，他就没有快乐过，一分钟也没有。他心心念念的就是自己的文学。现在，年近 30 岁的他越发迷茫，不知道要不要继续做这份折磨人的工作，而将自己喜欢的文学彻底放弃。

这或许是大多数年轻人的通病，他们心里明明有自己喜欢的，却还要勉强自己去做一份不喜欢的工作。一边想着喜欢的，一边忍受着现在的。

那个时候，摩西奶奶的名声已经很大了。她经常会收到世界各地粉丝的来信，或者是各地画商的约稿。这些信中大都是一些恭维赞美的词句，而唯独只有这封信，是一个迷路的年轻人在向一个老者谦虚地请教，并想要从这个老者这里得到最好的救赎。

摩西奶奶对这封信产生了极大的兴趣，在每一个老者那里，年轻人所遇到的事情，都是那么似曾相识。这些事情，在老者那里或许算不了什么，可他们知道这些对年轻人的重要性。她应该用自己毕生的经验告诉他：不管什么时候，不管在什么情况下，我们都要去做自己喜欢的事情。

时光的年轮转向了 2001 年，摩西奶奶去世 40 年后，在华盛顿国立女性艺术博物馆，举办了一场名为"20 世纪的摩西奶奶"的画展。这一次的展览，除了列出了摩西奶奶全部的作品外，还将其他国家关于摩西奶奶的私人收藏罗列了出来。

在这琳琅满目的艺术品中，其中最为引人注意的就是一张明信片。这是摩西奶奶 1960 年给一个名为春水上行的日本年轻人的回信。这张明信片是第一次公布于众人面前，明信片上有摩西奶奶的亲笔回信：

年轻人，你应该去做自己喜欢做的事情，这样上帝才会愿意帮你把成功的大门打开，哪怕你已经 80 岁了。

是的，这就是摩西奶奶寄出去的那张明信片，而当时那个迷茫无助的日本年轻人，就是春水上行。人们关注这张明信片的原因，就是它的主人春水上行还有另外一个名字：渡边淳一，是全世界有名的作家。他听从了这位百岁老人的建议，做了自己喜欢做的事情，也获得了人生的成功。

有一位作家说：假如你的面前有两种选择，一种是去华尔街

MOSES

《福勒斯特·摩西的家》(第88～89页),1952年,木板油画,右下角署名。
(30.3×40.7cm)

图说故事:

这幅画是摩西奶奶92岁时的作品。

1951年,摩西奶奶离开尼泊山,她自1905年从南方回来后一直居住在那里的老房子中,现在要搬到街对面更舒适的平房里。这所房子是她的儿子福勒斯特和劳埃德专门为她修建的,她将在这里度过自己的余生,先是和女儿威诺娜一起生活,然后和福勒斯特和他的妻子玛丽一起生活。但是摩西一直认为尼泊山才是"家乡"。虽然新房子是专门为摩西修建的,事实上是属于福勒斯特的,摩西也一直这样认为。

做经理，一种是去动物园帮助河马刷牙，而你的喜好是研究动物。那么我会奉劝你，你最好的选择就是去给河马刷牙，去华尔街当经理并不是你最好的选择，也不代表着你更有成就。要知道，每天和金钱打交道的紧张感，很有可能还不如和动物在一起休闲的时光美好。

他们二者最大的区别是，一个是你无感的，一个却是你喜欢的。做喜欢的事情，你往往能够获得很大的能量，让你的人生变得更加快活，变得更加成功。

喜欢的事情，并不会像钟表一样，定点提醒你吃饭，提醒你什么时候睡觉。如果你没有行动的话，它就会像流沙一样慢慢地流过，甚至都没有想过和你打声招呼。

很多人都在用毕生的时间，去追求那原本就不属于自己的梦。他们眼中看到的是名，是利，是能够将生活变好的一切东西。在这一切面前，喜好已经变得无足轻重了。他们每天都在时间中穿梭忙碌，甚至已经习惯了按照别人的方式和期许生活，他们已经忘记了自己真正所喜欢的。

2.

摩西奶奶说：每一个人都可以作画，每一个年龄段的人都可以作画，关键在于你是否真正地喜欢。摩西奶奶是美国著名的风俗画家，也是原始画派的代表人物。她笔下所描绘的就是她热爱一生的农场生活，而非现实中的灯红酒绿。她借助手中多彩的画笔，将农场热闹欢腾的景象，跃然于画纸上。上面有抱着柴火的

《气球》(第 92~93 页), 1957 年, 木板油画, 右下角署名。
(40×60.9cm)

图说故事:

　　《气球》是摩西奶奶 97 岁时的作品。也是她少有的夏季作品之一, 夏季所有绘画都暂时停歇了——因为夏季是农民们最有指望的农忙季节。摩西应其交易伙伴和传记作者奥托·卡里尔的要求画了这幅画。摩西有一次告诉他见过一个热气球, 卡里尔让她立刻记录这件事, 她用绘画和文字自传的形式做了记录:

　　那是 1907 年, 我记得看到一个热气球从雅格飞往纽约剑桥, 里面乘坐了一个男人、一个女人和一个孩子。他们在剑桥着陆。1911 年, 人们的很多话题都围绕着新发明和飞机。后来我也亲眼看到了。

农夫，有正在钉马掌的铁匠，还有雪地中玩得欢快的孩童。

摩西奶奶的成功就在于她喜欢做这件事。因为喜欢，她才会将毕生的热情倾注于绘画创作上，把自己钟爱的农场画得栩栩如生。她用手中的画笔描绘她最熟悉的生活，描绘过往的童年。与其说，摩西奶奶画的是她的生活，不如说摩西奶奶正在小心翼翼地描绘着她的人生。

在摩西奶奶的人生中，她可以失去全世界，却不能失去她对世界的热爱、对内心喜好的拥护。当她坐在画板前，手中拿着画笔的时候，时间似乎已经静止了。她毫无保留地投入到自己的喜好中，甚至有些时候她并没有去想这样做是否会得到一个好的结果。她保持着最天然纯粹的喜欢，就像没有任何忧愁的孩童，她探究自己好奇的所有事物，她尝试所有的美好，唯独并不强求一个明朗的结果。

她说："生命中不确定的因素太多，可只有作画能够让我感到快乐。作画的过程美妙极了，就好像整个生命在不停地运转一样，让我充满活力。作画能够让人沉醉、兴奋，这是我的乐趣所在，这本身就是一种收获了。"

摩西奶奶做了自己想要做的事情，所以她从中才体会到了莫大的乐趣，感到开心，感到满足。此外，只有做了自己喜欢做的事情，你才会全力以赴，进而取得最大的成功。

希望是什么？希望就是你脚下的路是你所希冀的，你手中的活儿是你所喜欢的，你所做的梦是你所需要的，你所走的人生是你所憧憬的。

MOSES.

《伐木》(第 96 ～ 97 页)，1957 年，木板油画，左下角署名。
(40.3×60.9cm)

图说故事：

这幅画是摩西奶奶 97 岁时的作品。

冬季的工作受雪的限制。在摩西居住的纽约北部，感恩节通常会下雪。此时土地休耕，上冻，伐木成了少数农活之一。另外，还要饲喂农场的动物，给奶牛挤奶。打猎和设陷阱捕猎也能补贴一些家庭收入。

很多成人总喜欢将现在的不满归结于小时候的种种：小时候学习太忙，所以才错失了画画的时机；小时候没有条件去学习画画；小时候父母没有培养我画画的能力。诸如此类，数不胜数。可是，画画真的有那么困难吗？一支笔、一张纸、一颗简单热爱的心，画画的条件就这么简单，摩西奶奶的成功就足以证明这一点。

3.

不要把错误归结于过去的时光，就好比不要把遗忘归结于别人的没有提醒上。你应该相信，只有你愿意去做的事情，才是你的天赋所在。

人们说，当你在做自己喜欢做的事情时，是注意不到时间的流逝，也感受不到身体的劳累的。因为，当你全身心地、不计功名地投入地去做你喜欢做的事情时，你就会拥有无尽的喜悦和成就感，这是对一个真正有兴趣的人的最大褒奖，也是他最大的收获。

当然，重要的是，要找到一条你心甘情愿去付诸努力的道路，并且愿意倾尽一生的时间去喜爱，去坚持。

人的一生，匆匆而过，就如白驹过隙。孩童时期，想象着自己身后有一双可以飞向四处的翅膀，可没有几年时光的打磨，我们就已经被生活和外界扑面而来的压力击垮，在毫无防备的时候被卷入了生存的洪流，苦苦挣扎。为了摆脱困境，获得新生，我

MOSES.

《南瓜》(第 100～101 页), 1959 年, 木板油画, 右下角署名。
(40.7×60.9 cm)

图说故事:

这幅画是摩西奶奶 99 岁时的作品。

收割刚结束, 秋季就要开始做杂货, 并为冬季做准备。摩西罗列了如下工作清单:

为即将到来的寒冷冬天储存物资。

在土地冻硬之前为黑麦和其他作物犁地。

挖沟渠。

宰杀家禽, 整理房间。

们所能做的就是找到自己喜欢的一件事情，来获得和岁月抗衡的力量。

我们知道，当你全身心地喜爱并投入一件事情时，你所得到的欢愉，足以将柴米油盐的死板忘记。它能够润色你的枯燥和厌倦，能够给予你家庭外的别样温暖。它可以让你在面临困难和绝境的时候，不至于孤苦无依，不至于无助崩溃。它会给你一种前所未有的力量，让你感受到自己的强大，亲身经历从蚕蛹到蝴蝶的美丽蜕变。

上帝给了人类足够的自由，也给了每一个人不同的恩赐。在道德的原则中，请你带着上帝的荣誉和赐予，去做你自己喜欢的事情吧！

你要快一点，趁着时间还来得及！

《乘雪橇》，1957 年，木板油画，右下角署名。
（40.7×60.9cm）

第七章

如果只过1%的生活

即便是那 1% 的生活，
我们也要用自己的方式
过出 100% 的精彩。

1.

喜欢摩西奶奶不需要太多的理由。

她没有倾国倾城的美貌，也没有出口成章的羡人才华。她用一生的勇气去呵护着一个挚爱的家，所有的精力几乎都放在了最普通的柴米油盐上。她或许从未经历过歌舞魅影般的惊心与动魄，也从未体验过罗密欧与朱丽叶般的浪漫与凄美，可她却能够从容不迫地叫出每一种植物的名字，能够做出心爱男人最喜爱的饭菜，能够给自己的孩子讲最动听的故事。又有谁能说，这样的生活不令人羡慕呢？

她几乎不太远离家门，去大都市的机会就更少了。每日，除了农场劳作外，她便是陪着自己的丈夫、儿女，伴着夕阳的余晖为家人做上一顿可口的饭菜，生活简单而又美好。如果问她的一生有没有什么波澜起伏，普普通通的一个妇女，最大的异样恐怕就是她晚年拿起了画笔吧！

即便如此，在世间千千万万种职业中，在世间千千万万种活法中，她也只算过了1%的生活吧！生活太冗杂，她选择其中的一种也就足够了。过好了 1%，就比那平庸度过的 99% 还要绚烂多彩。

1% 是什么？有人说是坚持，有人说是梦想，又有人说是很少人能够挑战的一条艰难的路。其实很简单，假如你现在的生活让你觉得很开心，那么即便只有 1% 的承载，那也是值得的；同样，如果你现在的生活并不足以承载你内心的快乐，那么即便有 99% 的拥有，你也不会觉得快乐。

所以，1% 生活的意义不是你选的道路多么艰难，而在于你用自己的方式让你的生活变得更加精致与灿烂。

年事已高以后，无法再做家务的摩西奶奶，儿女在外的摩西奶奶，丈夫离世的摩西奶奶，选择了另一种打磨时光的方式。对，与其说绘画是她的爱好，不如说是她打磨时光的方式。

绘画让整个时间的年轮在摩西奶奶这里变得慢了起来，它不再像不会停止的流沙那样，悄无声息地离去，而是有时驻足在摩西奶奶的画前，和着多彩的画板，跳起了时光的舞蹈。如果你仔细查看，会看到细光下的颗颗细尘，随着光晕的照耀，在摩西奶奶面前翩翩起舞。时光，至此就好比停顿了一般。

2.

在日子最困难的时候，你没有听过她对命运的抱怨；在她最辉煌的时刻，你也没有听过她对命运的感慨。她不关心政治，不关心历史，不关心时局，她所要做的就是照顾自己的子女，呵护自己的家庭。她的眼角、嘴角乃至她的全身，都散发着一种平和

《旧时光》（第 108 ～ 109 页），1957 年，木板油画，左下角署名。
（40.7×60.9cm）

图说故事：

这幅画是摩西奶奶 97 岁时的作品。

尽管女性主要在室内活动，男人在田地里工作，你会发现一个有趣的现象，就是摩西的所有作品都较少体现室内活动。她是一个风景画家，吸引她的是自然风景，不是家庭生活。她表现室内活动是因为意识到作品需要室内环境的设定，另一方面是应赞助人的要求。但对这一点她不是很轻松。"我尝试表现室内活动，但很不喜欢，就舍弃了它"，她有一次这样写道。"那不是我擅长的。我喜欢画吸引我到某种未知境界的东西，我希望远远地看到它。好吧，也许我应该再尝试一下。"虽然这种主题对摩西来说很难，她还是画了很多成功的室内作品。没有风景，只有现实的元素，她的室内活动作品完全是抽象形式的。这些特点使《大家缝活动》和《旧时光》两幅作品更具优势，其中表现了诸如缝纫、清扫地板，桌面上复杂的摆设，鲜亮的衣服和热闹的人们等各种细节。

安静的光芒。时光对于她而言，也变得愈发温柔起来。

她的生活很简单，简单到别人已经不愿再用语言去烘托；但她的人生很精彩，精彩到她用毕生的热爱，将1%的生活，过出了100%的精彩。

精致，源于你所坚守的你喜爱的那1%，可多数人并不明白这个道理。她们喜欢99%的多彩，流连于各个角落。最后才发现，除了疲劳的身体外，其余的早已消失不见。

有人说，大多数人的一生，都将99%的时间花在了那些没有用的事情上，花在有用的事情上的时间却是少得可怜。其实生活就是这样，人们要么选择拼尽全力去争取那1%的精致，要么就向那99%的平庸妥协。

摩西奶奶历经了过去的辛苦，也享受到现在的快乐。不过，对她而言，这两种生活并没有多大的差别，她一直都在用最坦然的方式去度过。她用这种态度过出了一种精致，过出了一种幸福感。重要的并不是数字的差别，而是对生活的态度，是用心过着生活，还是在敷衍着生活，这才是最为重要的。

不管你是拥有了1%，还是99%，只要你像摩西奶奶那般，坦然面对岁月，你同样会收获到生活赐予你的安宁静谧。

第八章

一直走下去，
全世界都会为你让路

摩西奶奶说：
生活是我们自己创造的，
如果一直坚持地走下去，
终会结出丰硕的果实。

《去滑雪橇》,1960 年，木板油画，
右下角署名。
（40.7×60.9cm）

1.

比困难更加可怕的是，我们相信了自己手中正在从事的工作是毫无意义的，我们相信了自己所热爱的事物是没有任何希望的。

一开始，没有人喜欢摩西奶奶的画，因为她生在乡下，长在乡下，就连她所描绘的也都是乡下的一草一木。不管是绿油油的麦田，还是奔驰而过的马车，这在摩西奶奶的周围并不是稀罕的事情。所以，那个时候，几乎没有一个人懂得摩西奶奶的心情，懂得从那平凡的画作中，体会出自然纯粹的心境。

即便在摩西奶奶看来，这些随心而画的作品，也远远不及一瓶果酱、一瓶水果罐头来得更有胃口。在一堆乡下的农妇看来，与其花钱去买一块被上了色的绣布，还不如花钱买上点面包划算。毕竟，一个关乎生活，一个关乎艺术。

可是这又有什么关系呢？总不能因为周围人的不认可，而放弃了对喜好的坚持，否则这就是一种不公平，一种对自身和喜好的不公平。值得庆幸的是，摩西奶奶并没有因为周围人的不认同而改变什么。有时候，当晨阳出现第一缕光辉的时候，摩西奶奶便拿着自己的画板，去碧翠的田野间，将那时那刻的状态，记录在了画板上。

时间是个很奇怪的东西，能够让不珍惜它的快些走，能够让真正喜爱它的慢下来。

初学的时候，摩西奶奶主要临摹一些图片和明信片。只是在别人的作品上临摹，并不是什么好事儿，它会抑制一个人的创造力，会局限住原本无限丰富的大脑。于是，摩西奶奶放弃了临摹的手段，转而将目光放在了自己所熟悉的农场生活中。她将记忆中的农场生活片段，搭配成一条条鲜艳适宜的线条，开启了她自由创作的道路。

她在用心作画，她把自己对生活的理解和热爱，融化在笔尖，把幼时的景色幻化成一抹绿、一抹白、一抹黄、一抹红。在她的画里，没有一丝一毫的拘束，有的只是这位老人对生活最由衷的回赠。平和、自然、静谧、和谐，是最初心的体现。

终于，复活节上，这颗明珠得到了重生。

2.

对于你的坚持和努力，生活或许暂时迷了眼睛，但你要相信，终有一天，它会沿着你坚持的脚步而来，并且停留在你面前，拥抱你。

杂货店橱窗里的一幅画，引起了一位艺术收藏家的注意，他

《从烟囱里落下来》(第116～117页),1960年,木板油画,右下角署名。
(40.7×60.3cm)

图说故事:

这幅画是摩西奶奶100岁时的作品。

摩西版本的《圣诞前夜》组画在她人生最后10年,成了当时那代孩子们课本上的经典图案。该书1962年发行,在摩西去世后不久仍然保持印刷了几十年,而且成了电视节目"袋鼠船长"的年度主题画。1991年还出版了这本书的重新设计版。

带着这颗无人问津的珍珠，返回到艺术界。摩西奶奶就此一炮而红，她的坚持为她赢得了世界。

你看，当你喜欢一件事情的时候，请你一定要坚定地坚持下去；当你对一件事情有信心的时候，也请你一定坚定地坚持下去。哪怕这样的坚持，一时并不会得到任何的响应。摩西奶奶的绘画生涯，从58岁开始，一直到101岁，44年的时间，完全可以造就一个新的人生。

对于那些将事情当成任务的人来说，40几年的时光就如同一个世纪般漫长。在他们看来，坚守一件事情是世间最大的寂寞，是无法跨越的围墙，堵截了自己的青春和内心。

对于那些真正喜欢一件事物的人来说，不管是从3岁也好，还是从50多岁也罢，20多年的时间转眼即过。坚守同样也是一种寂寞，可是这种寂寞能够随着他们火热的内心化作江水，从心扉间流过，不知不觉中，几十年的坚守或许就已经如同白驹过隙般，悄然溜走了。

3.

当你感到梦想难以坚持下去的时候，还有那么一些人，在百般的困苦中坚守，他们不知道你口中的坚强是否与他们有关；他们不知道你口中的乐观就是他们身上体现出来的；他们更不知道你所崇尚的坚持，他们已经轻而易举地做到。他们所坚定的是：我喜欢的事物，我就应该接受它，并且努力地一直为它走下去，努力地用这种方式让生活变得更好。摩西奶奶的生活便是这样，她用最简单质朴的生活，让那些满口理想，冠冕堂皇的众人闭上了嘴巴！

人生就是一条弯曲的山间小道。驻留在底部的人，看到的永远是紧贴着地面的山脚，还有那仰高脖子都寻不到边际的顶头；站在中间的人，他们比底部的人好上一些，抬起头，或许可以看到半山腰的风景，也可以看到山顶隐隐约约的郁郁葱葱。只是，他们叫喊着苦累，便循着来时的路，下山去了；最后，极少数的人坚持到了山顶，他们看到的是伸手可触的白云，是从未见到过的蓝天，是穿越云层之后的伟岸。这个时候，山顶的人们才发现，当你将一件事情走到底的时候，世界甚至都变得渺小起来。

就这样，一直走下去，远处的风景在为你而等待，崎岖的阻碍会为了你而让开。

4.

摩西奶奶说：生活是我们自己创造的，如果一直坚持地走下去，终会结出丰硕的果实。

我们也要坚信这一点，一直走下去，所有的一切都将会改变。不管我们曾经受过多大的伤害，不管我们的心灵曾经多么沉重，我们一贫如洗也好，富甲一方也罢，我们都应该将心中的梦想坚持下去。太阳落了会升起，花朵败了会重开，而你的梦想，如果不在了，就永远地不在了。可是如果你坚持下去，你就会发现，原本阻挡你的一切，都已经给你让开了一条路，这条路通往的是全世界。

当你的手心里带着坚定的意念时，你就已经看到了未来。前方是你可以操纵的海域，风浪随着你的信念而起，就连海里的鲨鱼，也一改往日的凶狠模样，在大海的翻腾下，为你保驾护航。这就是坚持的力量。

当你奔跑起来的时候，整个世界都在跟着你奔跑；当你停下脚步的时候，整个世界会把你绕过去继续奔跑。

是的，梦想就是这样的好东西。如果你知道它在哪儿，请你千万不要放弃，你要沿着明朗的道路一直走下去。可以预见，你会遇到困难，会遇到阻碍你前进的猛兽，但只要你坚持走下去，路边的风景就会与你为伴，帮你赶走寂寞和孤独，帮你摆平困难和障碍。最后，你不但收获了它，更收获了一路坚持下来的勇气。你看过了大多数人都没有看到过的风景，也走过了大多数人都没有坚持到底的道路，自然也将收获世界上更大更开放的舞台。这就是你的坚持为你换来的光景。

人生道路很漫长，在这漫长的道路上，我们怕的并不是前途的沧桑和无奈，也不是未知的困难和阻碍，而是明明知道前方的路是对的，可你却不愿一直走下去，甚至都不曾走过。

世界很小，请带着你的梦想一起奔跑；世界很大，请带着你的坚持一起抵抗。

摩西奶奶说：人生并没有容易的事情，当年华老去的时候，当我们再次回顾以往的时候，希望我们没有半途而废的遗憾，希望我们能够因为一直以来的坚持而坦然，希望我们能够用淡定的态度度过余生，希望我们能够用从容的心态面对死亡。

图说故事:

　　这幅画是摩西奶奶 100 岁时的作品。

　　这是一个近乎梦幻般的艺术的表达,这样的效果主要因其色彩。深冬夜晚,浓郁的蓝色,金黄色的月亮使树枝好似羽毛般闪着金色的光亮,星星漫步在夜空中,我们可以想象得到,一个孩子在半睡半醒中等待着圣诞老人在午夜从窗户中进来。

《一直等到来年》，1960 年，右下角署名。

第九章

人生的美好在于不设限

不管幸与不幸，
都不要为自己的人生设限，
以免阻挡了生命的阳光。

1.

　　人生只是简单的两个字，有些人过出了寂寞，有些人过出了伤感，有些人过出了简单，也有些人过出了复杂。人生就是一条单向流淌的轨道，轨道里挤满了各种表情的小石子，它们无奈地跟着轨道前行，不管你如何挣扎或者是顺从，这条轨道还是一如既往地伴着流淌的岁月，在你的各种繁杂情绪中，静静地滑过，一直滑到轨道尽头的泥洼为止。

　　三毛在她的《哭泣的骆驼》一书中曾经写道："不久以前，荷西与我在居住的大加那利岛的一个画廊里，看见过一幅油画。那幅画不是什么名家的作品，风格极像美国摩西婆婆的东西。在那幅画上，是一座碧绿的山谷，谷里填满了吃草的牛羊，还有农家、羊肠小径、喂鸡的老婆婆，还有无数棵开了白花的大树。那一片安详天真的景致，使我盯住画前久久不忍离去。"

　　三毛笔下的摩西婆婆便是摩西奶奶。摩西奶奶画笔下的生活是清新的，是质朴的。她几乎是没有任何技巧地将生活和油笔融化在了一起，将孩童的脚丫赋予笔尖，随着笔尖地舞动，轻轻地奔跑和荡漾。所有的一切都那么自然，所有的一切又都那么明朗。她把乡村生活的乐趣融合得温馨熨帖，就好比梦中的乐园一般，宁静、自然而又祥和。

她说：我最快乐的事，是伴着挂起的阳光醒来，叫上自己的丈夫、孩子甚至我的孙子，我们一起前往不远处的槭树园，我教他们怎么从槭树身上提取树汁，教他们如何将槭树汁熬成甜甜的糖浆。我们在白色的盘子上面绘几朵小花，糖浆在其中更显得有食欲了。孩子们很享受，他们喜欢这样的"取食"方式，他们享受这样的生活。

2.

世界上，能够真正感到快乐的只有两种人：一种是牙牙学语天真活泼的孩童，一种是历经岁月打磨的老者。孩子的快乐在于他们将生活设在了一个简单的环境中，而老者的快乐，在于参透生活后的超脱。而只有处于中层的这些人，带着蒙住眼睛的纱布，挤在物欲横流的轨道边，即便被人流挤散，却也不愿拿下那层纱布。其实，只要把那层纱布拿下来，或许就会发现路边娇艳的野花，争相迎着太阳的大松柏，还有树丛中伸着懒腰的小猫咪。

看，将眼睛蒙住的你，错过了太多美好的事情。

人生，就像女人的化妆一样，浓妆艳抹适宜于灯红酒绿，这是一种美好；素颜朝天属于自然的洒脱，这也是一种美好；淡妆点缀适于柳荷间的风景，这也是一种美好。除了双脚外，我们还应该找到一种维系我们站立的方式。不管是爱好、信仰，抑或是那仅有一厘米的追求。

你可能会说：我的年龄还无法享受美好，我的生活还无法想象美好，我的财物还无法消费美好！NO！摩西奶奶年轻时的生活并不容易，她靠着一头奶牛贴补家用，制作一些薯片来换取资金。摩西奶奶总共生下了 10 个孩子，可存活下来的却只有 5 个。这对一个女人来说，是很致命的打击。

不过，她依然活得很快乐！

幸与不幸，并没有一个明显的界限。你可以看向左边，也可以看向右边。左边看到的或许是天堂，而右边看到的或许就是地狱。如果你一直把自己设定在不幸的角色中，那么你的幸运就会永远被耽搁在路上，无法到达；如果你将自己设定在幸运中，即便现在的你是不幸的，上帝也会帮你挖出另一条路，迎接幸运的到来。所以，不要给自己的人生设限，免得阻挡了你的阳光。

如果你对人生足够细心的话，或许你会发现，原本朴实无比的妈妈已经在嘟囔着：我是不是也该保养皮肤了？

只是，美好的危机总是存在，它就是时间。人们忙着从时间里寻找感情，寻找工作，寻找资金，寻找伙伴，却唯独忘了从时间里寻找美好。

3.

所有人都在忙着创造，忙着生活，忙着劳动，因为在普通人看来，只有这样，生活才会逐渐变得美好。可是事实真的如此吗？你想过有多久没有陪自己的父母了吗？你想过多久没和心仪的人畅谈了吗？你想过多久没有和闺中密友约会了吗？看，亲情、爱情和友情这三种世间最美好的情感，你已经忽略了这么久，那么你所追逐的美好又有什么意义呢？

即便知道了这些，可还是有些人，在无限的空间下，给自己设定了一个固定的时空，它可以用尺子量出两端的距离。在固定的时间读报纸，在固定的时间吃早餐，在固定的时间上班，在固定的时间下班，在固定的时间睡觉。人们似乎已经习惯了这种固定的模式，反而不习惯人生中最平凡的美好。他们无法想象带着妻儿蹲坐在草地上的生活，无法想象和好友举杯同庆的场面，无法感受双亲温暖的笑容。为什么？只因他们追求的太多，遗落了生活本身的美好。

罗丹说："生活并不是缺少美，而是缺少了发现美的眼睛。"人生也并非缺少美好，而是缺少了发现美好的心灵。美好四处存在，我们并不需要费心寻找。比如，早上起床之前的最后一丝温暖；美食滑过喉头时的甜润；母亲低声地絮语；子女绵绵地低呼。这些，都是美好，都是我们该珍惜的东西，而你只需慢慢品味，细细咀嚼。

《白桦林》，1961 年，木板油画，下方中间署名。
（40.7×60.9cm）

第十章

爱无关时间，温暖所有岁月

陪伴是最好的爱，可以抵挡世间所有的坚硬，可以温暖生命所有的岁月。

1.

27岁，对于一个女人来说，貌似已经错过了最好的年华，但是对于安娜·玛丽来说，最好的时光才刚刚开始。因为在这一年，她与那个可以写进自己名字的男人在上帝的见证下，许下了最美好的誓言，从此她有了一个新的称呼——摩西太太。

所以爱情啊，哪有迟来之说，阡陌红尘，你我相遇，便是最好的安排。时光兜兜转转，最对的那个人始终会遇到，不管彼此在世界的哪个角落。

第一次牵手，他顺理成章地拉过她的手躲过了疾驰的马车，从此便没有分开。他掌心的温暖，温度犹存。

第一次约会，他和她温暖相望，像大街上那些普通的情侣一样，空气中都散播着甜蜜，不舍告别。

第一次接吻，他们坐在农庄后面的山坡上，迎着落日，徐徐微风吹拂而过，明明是凉凉的，却彼此羞红了脸。

……

他们经历了很多第一次，也创造了很多第一次，而这些第一次也成了彼此日记中最甜蜜的回忆，以至于每次回想起来，都会彼此斗嘴，然后肆无忌惮地傻笑。

时光如同烧水的火，让爱情升温、沸腾，然后一起携手走到上帝面前郑重其事地许下最真挚的誓言。从此，她的名字冠上了他的姓氏。从此，彼此拥有了最长情的告白。发生在1887年的这一切，成了摩西奶奶记忆中最珍贵的片段之一，以至于每每想起来，她都面带笑意。

他们的婚礼举办得有些仓促，在婚礼结束几个小时后，已经成为摩西太太的玛丽便跟着托马斯踏上了开往北卡罗来纳州的火车，他们打算在那里安定下来。可是人生是一部电影，上帝是最好的导演，却忘记了将剧本发到人们的手中，因此没人能猜透下面的情节。当这对新婚夫妻途经弗吉尼亚州的斯汤顿时，他们停下了匆匆的脚步，决定将家安在这里。一切都是因为摩西太太喜欢上了这里美丽的雪伦多亚河谷。

从此这个在印第安语中有着"星之美丽的女儿"语意的地方有了属于两人的记忆。这个富饶的河谷，环境十分漂亮，给新婚的摩西夫妇的生活增添了一抹浪漫的气息。

当然，浪漫归浪漫，生活总离不开柴米油盐。很多人认为，两个人过于熟悉之后，便没有了爱情，而更像亲人。其实，当爱情化为揉到血液中的那份亲人般的感情时，才得以升华。

她也曾经幻想过轰轰烈烈的爱情，而今，她守着一个再平凡不过的男子，守着琐碎的事情，过着风平浪静的日子。不需要费尽心机以求耀眼，不必战战兢兢只为光鲜，不再在两个人的爱情中追寻一个人的精彩，而是甘愿做一只笨笨的蜗牛，在凉薄的时光里，记得对方的生活细节，了解对方的日常习惯，坦然接受对方递过来的温暖，笨拙而缓慢地爱下去。

当爱情变成亲情，没有了从早到晚不停地去询问，去验证，得到的是陪伴在彼此身边的那份安稳，是一个眼神便能了解对方的心有灵犀，是肆无忌惮地在对方面前的哭泣，是明明知晓各自的缺点，却选择用最温暖的爱来包容的美丽。

生活的寒霜也许会让屋子冷却，却不能让心变凉。因为有了牵挂，也就有了勇气，在困难面前，夫妻成了一体。在彼此相知相爱的日子里，所有的困难都变成了游戏，他们玩得不亦乐乎。从此，擦地板、挤牛奶、装蔬菜罐头成了摩西太太的日常小事。这些带着汗水的小事，丰富了她的人生经历，也让她更懂得生命的意义。

爱情的结晶在期许中降临，这些脆弱的小生命是如此奇妙，他们的一悲一喜都牵挂着父母的情绪。虽然残酷的环境，让摩西太太生育的 10 个孩子中的 5 个孩子提前回到了上帝跟前，但是，失去又何尝不是一种生命的体验。他们在悲伤中，彼此鼓励，在喜悦中看着孩子成长，他们的家族也由此开始繁盛起来，过上了闲暇的日子。

岁月流转，时光老人在两人的身上带走了很多，也留下了很多，可是爱呀，如同陈酿的美酒，在时光的沉淀下，越品便越觉香醇。孩子一个个长大成人，陆续离开自己的身边，他们又辗转回到了她和他相遇的地方，买下了一个农场，并给它取名叫"尼泊山"。感谢上帝，当夜晚降临的时候，枕边的那个人还能在身边互道晚安。虽然他不再给自己带来年轻时的惊喜，但是两人在一起总少不了一些小的乐趣。

2.

时常听人说起，陪伴是最好的爱，比任何豪言壮语还要弥足珍贵。她远离成长的地方，陪着他四处辗转，在她最喜欢的地方歇脚。其实，有他在的地方，便是她最喜欢的地方。虽然他们可能并不富裕，但是因为有个人陪在自己的身边，倒也不至于一无所有。

时光悠长，他们的身上都染了风霜。不再似从前那般急躁、焦灼、慌张，不再为了光彩耀人而千般猜忌、万般算计，而只是随缘随喜，缓慢而踏实地向终点一步步走去。

因为他们心里都知道，总有一个人，会适时将跌倒在地的对方扶起。即便路途再遥远，也有人用双手替自己挡着风霜，遮着雨雪，在无涯的时间与无边的天地里，彼此相伴着颠沛流离。

我们可能身经百战，也可能涉世未深，但是对于爱情，没有人能否认它的存在。时间成了摩西奶奶爱情最好的见证人。直到1927年，托马斯去世之时，他们已经布满了皱纹的双手依然紧扣在一起，诠释了世间最美的爱情。当托马斯闭上双眼的那一刻，他的眼睛里映衬出来的依然是摩西奶奶的身影。他们在彼此的生命里就此盖下了章，签订了下辈子的契约。

在没有了托马斯的时间里，两个人的爱情成了一个人的独家记忆。看着熟悉的窗外，看着两人一起牵手走过的地方，看着风吹过摇椅时早已空出的位置，一切都显得异常凄凉。可是他存在过，相伴过，如秋日的枫叶，红得似火，淡去了那份孤独，剩下的便是曾经温暖的岁月。

"寻觅一个懂你爱你的伴侣，两个人组成的小小世界，便可以抵挡时间所有的坚硬，在面对生活的磨砺与残酷时，不觉得孤苦，不会崩溃。"她在100岁的时候，在满屋子的后辈面前，依然带着慈祥的笑意，诉说着相伴的幸福。这不是什么惊天动地的爱情宣言，而是一份细水长流的爱情守护。他在她花季结束的时候，采摘了最后一朵玫瑰，小心珍藏，用最美的方式让爱成为了标本。

3.

生命如此短暂，犹如走在狭长的街上做了一个短暂的梦，梦境之中一切生意盎然，梦境之外，爱人已经走远。但是曾经的温暖，还散发着炙热的温度，他的味道仿佛还在自己的肌肤上未曾散去。她习惯了每天对着他的位置，道声"早安"，即便他已经听不见，也看不到。爱情就像是在彼此心中种下的树，不管是阳光雨露，还是风霜雨雪，都是对方给予的。这棵树在彼此的土壤中，迎着风霜，享受着骄阳，奋力生长。哪怕一个人因为生命枯竭，无法再给予对方阳光雨露，但是另一个人的树却早已生根发芽，散发着蓬勃的生命力，随着年轮的增长，悠远绵长。

好的爱情就是这样，像一片暖阳，在你感到最寒冷的时候，温暖你的心，温暖你的肺，让你在冬天不再感到寒冷，心里像是装着一个暖炉，一直暖和着，热乎着。

趁着她还爱你，趁着你还爱他，牵起彼此的手，去看最想看的风景。趁着你们彼此还相爱，制造一些温暖的回忆，这样在你们老去的时候，每每想起依然能够让彼此嘴角上扬。也许你们会拌嘴，也许你们会冷战，但是时光流过的小路上，没有人会记住争吵，没有人会留下伤疤，那里最终存留的是一起吃苦的幸福，一起牵手的浪漫。

忘掉那些情感专家的长篇大论，忘记那些心理或者星座指南书中的种种猜测，忘掉所有的顾虑。如果真的爱了，就不会去等待，而是分分秒秒都想要和他在一起。如果爱一个人，哪怕让对方多等一分钟，都会心疼。所以如果爱了，便去告白，便去行动。如果爱了，便要学会愿赌服输。爱情并不残酷，何必自我放逐。

趁着岁月静好，勇敢地去爱。不要等到时机消逝，再为那份错过的爱而懊恼、哭泣。我们终将赶赴一场名为爱的约会，哪怕最后只剩回忆。

MOSES.

《等待圣诞老人》(第136～137页),1960年,木板油画,
左下角署名。
(30.5×40.7cm)

图说故事:

这幅画是摩西奶奶100岁时的作品。

1960年,兰登书屋的老板本纳特·瑟夫
请求摩西奶奶把克莱门特·克拉克·穆尔的经
典儿童诗《圣诞前夜》画成画。一开始她拒绝
了,因为她的作品都来源于现实生活,没有幻
想和想象的成分。但是摩西很喜欢这首诗。虽
然接近100岁生日,健康状况不佳,她还是同
意接受这份工作。

摩西版本的《圣诞前夜》组画在她人生最后
十年,成了当时那代孩子们课本上的经典图案。

附录一
安娜·玛丽·罗伯森·摩西年表

1860 年　出生
安娜·玛丽·罗伯森于 9 月 7 日出生于纽约格林威治，她在家中10 个孩子中排行第三，母亲是玛丽·莎纳汉，父亲罗素·金·罗伯森是一名农夫。

1872-1887 年　12 ~ 27 岁
离家来到附近的农场做"女佣"。接下来的十五年，安娜·玛丽基本是这样度过的：和雇主家的孩子们一起读了几年书，为雇主家缝纫、煮饭、管理家务。

1887 年 11 月 9 日　27 岁
嫁给托马斯·萨蒙·摩西——安娜·玛丽当时雇主农场上的"男佣"。

1887-1905 年　27 ~ 45 岁
夫妻一同迁往弗吉尼亚，在这里作为土地租用人工作了几年，直到攒够钱买下自己的土地。摩西太太通过制作黄油和炸土豆条补贴家用。她生了 10 个孩子，其中 5 个死于襁褓之中。

1905 年　45 岁

一家人回到纽约北部，在距离安娜·玛丽出生地不远的鹰桥镇买下了农场。

1909 年　49 岁

摩西的母亲于 2 月去世，父亲于 6 月去世。

1918 年　58 岁

在会客厅的壁炉遮板上画了第一幅大型图画。

20 世纪 20 年代　60 岁之后

在折叠桌的板子上作风景画，偶尔为亲戚和朋友画画。

1927 年　67 岁

1 月 15 日，托马斯·萨蒙·摩西死于心脏病。

1932 年　72 岁

到福蒙特州的本宁顿帮助照料患肺结核的女儿安娜。在安娜的建议下第一次尝试用"毛织物"刺绣作画。安娜死后，摩西继续照料她的两个孙子。

1935 年　75 岁

回到鹰桥镇的农场，和她最小的儿子休、儿媳多萝西以及他们的孩子一起生活。开始认真画画,并在当地的活动中展出自己的作品,比如博览会和慈善义卖会。摩西后来回忆道,她的果酱曾在乡村博览会上获过奖,但画作却没有。

1938 年　78 岁

在纽约胡希克佛斯的托马斯药店,摩西的作品被一位名叫路易斯·卡尔多的旅行工程师兼业余收藏家发现。卡尔多称会让摩西出名,但她的家人觉得这只是个玩笑;卡尔多给摩西邮寄了她有生以来第一份专业画家所用的绘画颜料和画布。

1939 年　79 岁

在卡尔多的努力下,摩西的三幅作品在纽约现代美术博物馆会员室举办的"当代不知名的美国画家"的展览展出(10 月 18 日—11 月 18 日)。这次展览没有对大众开放,所以影响很小。卡尔多接触的大部分艺术品交易商都拒绝支持一个 79 岁的艺术家。

1940 年　80 岁

圣艾蒂安画廊的老板奥托·卡里尔迷上了卡尔多给他看的摩西的画作,他举办了首个女画家个人展,名为"一个农妇的画"(10 月 9 日—10 月 31 日)。11 月,吉姆贝尔斯百货在"感恩节庆典"活动中重点介绍了摩西的作品。她出席活动并得到媒体和公众的一致好评。

1941 年　81 岁

作品《老橡木桶》在纽约州锡拉丘兹雪城美术博物馆（现艾佛森艺术博物馆）获颁纽约州奖。这幅画被 IBM 公司创始人托马斯·J.沃森购买。凯瑟琳·康奈尔和科尔·波特等名人也开始收藏她的作品。

1942 年　82 岁

在西德尼·詹尼斯所著《他们自学成才》（纽约：戴尔出版社）一书中有一章专门介绍摩西奶奶，她的三幅作品也以同名的展览陈列（玛丽·哈里曼画廊，纽约，2 月 9 日—3 月 7 日）；摩西在纽约的美国英国艺术中心做题为《安娜·玛丽·罗伯森·摩西：画作私人藏品展》的演讲（12 月 7 日—12 月 22 日）。

1944 年　84 岁

圣艾蒂安画廊兑现了对摩西的承诺，举办了两个展览展示她的作品（2 月的"摩西奶奶的新作品：美国原住老人"，12 月的"摩西奶奶"）。

1944 年 -1963 年　84 岁~接下来 20 年

奥托·卡里尔组织了大量巡回展览活动，在接下来的 20 年里把摩西的作品带到了美国许多城市（包括阿拉巴马、加利福尼亚、康涅狄格、特拉华州、哥伦比亚特区、佛罗里达、伊利诺斯、印第安纳、爱荷华、堪萨斯、路易斯安那、马里兰、马塞诸塞、明尼苏达、密苏里、蒙大拿、内布拉斯加、宾夕法尼亚、南卡罗来纳、田纳西、德克萨斯、佛蒙特、弗吉尼亚、华盛顿和威斯康星）。

1945 年　85 岁

摩西成为在纽约麦迪逊广场花园（11 月 13 日—11 月 18 日）举办的"妇女国际展览会：和平时期的女人生活"重点介绍的艺术家。

1945 年 - 1950 年　85 ~ 90 岁

由他人代为出席在宾夕法尼亚州匹兹堡举办的卡内基学院年度评审展活动。

1946 年　86 岁

通过出版第一批摩西贺卡和畅销专著《摩西奶奶：美国原始主义者》（摩西奶奶的自传，编辑奥托·卡里尔，路易斯·布罗姆菲尔德撰写引言，纽约：德莱登出版社）而家喻户晓。摩西奶奶的圣诞贺卡卖出了 1600 万张。摩西的画被理查德·赫德纳特口红广告特别命名为"原始红"。

1947 年　87 岁

第二版增订版《摩西奶奶：美国原始主义者》出版（纽约花园城市：双日出版社）。霍尔马克公司接管摩西圣诞和问候卡的代理业务。在纽约圣艾蒂安画廊举办了女性个人展览（5 月 17 日—6 月 14 日）。

1948 年　88 岁

第一件大幅彩色复制品由纽约亚瑟·贾菲彩色照相公司制作；在纽约圣艾蒂安画廊举办题为"摩西奶奶的十年"的画展(感恩节—圣诞节)。

1949 年　89 岁

2月摩西的儿子休去世。5月她前往华盛顿特区，因她的"杰出的艺术成就"而获颁女性全国新闻俱乐部奖，并获得哈里·S. 杜鲁门总统接见。她同时也在华盛顿特区的菲利普斯画廊举办了题为"摩西奶奶的画"的画展(5月8日—6月9日)；6月接受位于纽约州特洛伊的拉塞尔·塞奇学院授予的名誉博士学位；被收入爱丽丝·福特所著的《美国画报民间艺术：新英格兰到加州》；里弗代尔面料公司开始生产根据摩西的画作制作的布幕，同期阿特拉斯磁器公司发布了根据摩西四幅作品生产的一系列盘子。

1950 年　90 岁

由杰罗姆·希尔制作，埃丽卡·安德森拍摄，阿奇博尔德·麦克利什解说的关于摩西奶奶的彩色纪录片，入围奥斯卡奖；摩西的作品第一次在欧洲展出，由美国信息服务公司提供资助(参展地包括维也纳、慕尼黑、萨尔茨堡、伯尔尼、海牙、巴黎，6月—12月)；全国新闻界第一次庆祝摩西奶奶的生日；在纽约州奥尔巴尼和艺术学院举办题为"摩西奶奶：90岁生日的画展"的纪念展

（9月7日—10月15日）；她被收录进让·李普曼和爱丽丝·温彻斯特所著的《美国的原始主义者画家》一书；奥托·卡里尔建立了联合组织"摩西奶奶资产"，管理她的版权和商标，后续的许可项目主要是印刷复制和家用物品。

1951 年　91 岁

3月接受宾夕法尼亚州费城摩尔美术学院的名誉博士学位。4月，从老农场迁往路对面更舒适的平房居住，女儿威诺娜·费舍尔开始接管家务。

1952 年　92 岁

摩西奶奶出版自传《我一生的历史》。改编自这本自传，由莉莲·吉什饰演摩西的电视节目《实况戏剧》上映。12月，圣艾蒂安画廊发布了摩西奶奶的简短回忆录《圣诞节》。

1953 年　93 岁

在《纽约先驱论坛报》论坛作为主讲嘉宾；10月20日被选为《时代》杂志的封面人物；皇冠陶器公司制作基于她的画作《回家过感恩节》的餐具。

1954-1955 年　94 ~ 95 岁

五幅画作被列入史密森学会为美国新闻署举办的"17 世纪以来的

美国原始主义者绘画"欧洲巡回展览(巡展地包括卢塞恩、维也纳、慕尼黑、多特蒙德、斯德哥尔摩、奥斯陆、曼彻斯特、伦敦、特里尔)。

1955 年　95 岁

为"现在请看"电视系列节目接受爱德华·R.默罗的采访,该节目于 12 月 13 日播出。在她 95 岁生日之际,托马斯·J. 沃森和国际商业机器公司 (IBM) 美术部在纽约的 IBM 画廊做了《向摩西奶奶致敬》的演说 (11 月 28 日 — 12 月 31 日)。摩西前往纽约参加开幕式;她的生日又一次被全国媒体关注。

1956 年　96 岁

1956 年受艾森豪威尔总统的内阁委托,为纪念他就职三周年绘画;出版一套四色复制品《四季》(唐纳德艺术公司,纽约切斯特港)。

1957 年　97 岁

纽约圣艾蒂安画廊举行题为"摩西奶奶:1955 — 1957 年间欧洲展览作品的纽约展示"的展览 (5 月 6 日 — 6 月 4 日)。

1958 年　98 岁

摩西的女儿威诺娜·费舍尔于 10 月 14 日去世。儿子福瑞斯特和儿媳玛丽过来照顾她。

1959 年 99 岁

被 Oto Bihalji-Merin 所著的《现代原始主义者：朴素绘画的大师们》所收录。出版六色的复制品组合《我最喜欢的六幅画》。

1960 年 100 岁

时任纽约州州长纳尔逊·洛克菲勒宣布她的 100 岁生日为纽约州的"摩西奶奶日"；IBM 画廊在纽约举办了"我一生的历史：摩西奶奶画作私人藏品展"（9 月 12 日— 10 月 6 日）来为之庆祝，她本人和她的医生一起跳了一段高雅的吉格舞；由康奈尔·卡帕拍摄照片的封面故事在《生活》杂志上刊登。

1960-1961 年 100 ~ 101 岁

史密森学会举办了题为"我一生的历史"的巡回展览。（展出地包括密尔沃基、华盛顿、查特努加、巴吞鲁日、西雅图、拉古娜海岸、沃森堡、温尼伯和芝加哥）。

1961 年 101 岁

摩西奶奶于 7 月 18 日被送到纽约州胡希克佛斯的卫生服务中心；时任纽约州州长纳尔逊·洛克菲勒再次宣布她的生日为纽约州的"摩西奶奶日"；由摩西绘图的《摩西奶奶的故事书》出版，书中的故事和诗由 28 位作者创作，由诺拉克·莱默编辑，奥托·卡里尔撰写传略；摩西奶奶于 12 月 13 日在卫生服务中心去世，享年 101 岁，随后被埋葬在胡希克佛斯的枫树林公墓。

附录二
摩西奶奶去世后的出版物、荣誉和展览

1962 年

克莱门特·摩尔所著的《圣诞前夜》出版，书中插图为摩西奶奶1960 — 1961 年所画（纽约：兰登书屋）；这本书成了儿童电视节目"袋鼠船长"中每年假期必放的主题。"摩西奶奶：纪念展"在纽约的圣艾蒂安画廊举办（11 月 — 12 月）。

1962-1964 年

"40 张照片记录一个生命的历史"欧洲巡回展（包括维也纳、巴黎、不来梅、汉堡、哈默尔恩、富尔达、杜塞尔多夫、达姆施塔特、曼海姆、柏林、法兰克福、奥斯陆、斯德哥尔摩、赫尔辛基、哥德堡、哥本哈根、莫斯科），最后在纽约海默画廊结束。

1966-1972 年

福瑞斯特·摩西和玛丽·摩西夫妇获得单身宿舍，并搬往鹰桥镇的老摩西农场；他们将房屋内部改造，用来展出摩西的纪念品。

1967 年

出版了一系列彩色复制品，包括 8 幅画作，由约翰·卡纳迪撰写致谢（纽约：美国美术）。

1968-1972 年

"摩西奶奶画廊"（其作品和纪念物永久展出）在福蒙特州本宁顿镇的本宁顿博物馆建成。

1969 年

"摩西奶奶的美术和人生"外借展览，共有 151 幅作品，还包括折叠桌、纪念品，纽约现代美术画廊（2 月 20 日—3 月 30 日）。美国政府发布了六美分的摩西奶奶纪念邮票，图案是其作品"7 月 4 日"，这幅画现归白宫所有。查尔斯·格拉夫所作的《摩西奶奶，最爱的画》出版。

1971 年

威廉·阿姆斯特丹所作的《赤脚在草地上：摩西奶奶的故事》出版（花园城市，纽约：双日出版社）。锡拉丘兹磁器公司发布了一系列印有八幅摩西作品的盘子。

1972 年

摩西的 15 幅作品在"四位美国本土画家：爱德华·希克斯、约翰·凯恩、安娜·玛丽·罗伯森·摩西、贺拉斯·皮平"的展览上展出，A.C.A. 画廊，纽约（2 月 22 日—3 月 11 日）。

1973 年

奥托·卡里尔所作的《摩西奶奶》出版，书中包括分类目录（纽约：哈里·艾布拉姆斯出版社）。四幅彩色作品复制品出版（纽约：美国遗产出版公司）。

1973 年至今

本宁顿博物馆合并了摩西奶奶的单身宿舍作为补充，继续展出其作品和相关纪念品。

1975 年

奥托·卡里尔所作《摩西奶奶》简明版出版（纽约：哈里·艾布拉姆斯出版社和新美国图书馆；科隆：M. 杜蒙·绍贝尔格出版社；口袋书版，杜蒙出版社，1979 年；阿姆斯特丹：莫伊伦霍夫出版社）。瑞吉屋磁器公司发行了复制摩西作品《冬季的格子房屋》的圣诞盘子。

1979 年

"摩西奶奶——安娜·玛丽·罗伯森·摩西（1860—1961）"展出了 43 幅作品，华盛顿国家画廊（2 月 11 日—4 月 1 日）。卡尔霍恩收藏协会发布了一系列盘子，上印有四幅摩西的作品。

1980 年

"摩西奶奶 1860 — 1961"展览在纽约的海默画廊举办（5 月 23 日—6 月 7 日）。

1982 年

琼·卡里尔所作的《摩西奶奶：神话背后的艺术家》出版（纽约：皇冠出版社），且同题的展览在纽约的圣艾蒂安画廊举办（1982 年 11 月 16 日—1983 年 1 月 8 日）。

1983 年

"摩西奶奶：神话背后的艺术家"展在丹佛斯博物馆、弗雷明汉、马塞诸塞和纽约州奥尔巴尼博物馆巡回展出。摩西自传《我一生的历史》的日文版（东京：未来社）出版。本宁顿博物馆开始根据其收藏品出版摩西作品的复制品。百诺肯刺绣发布了一系列刺绣了摩西作品复制品的锦囊和指南小册子。

1984 年

清次多哥纪念馆，日本东京的安田河西美术博物馆永久安装了摩西的作品；目前作品总数为 33 幅，是现存的世界上最大的摩西作品公开收藏馆。纽约出版社开始出版一系列摩西的作品。

1984-1985 年

"摩西奶奶的世界"巡回展览在世界展览基金会的赞助下举办（美

国纽约民间艺术博物馆；巴尔的摩美术馆；棕榈滩诺顿美术馆；纳什维尔的奇克伍德美术中心；奥马哈的乔斯林艺术博物馆；皮奥利亚的湖景艺术博物馆）。奥托·卡里尔所作《摩西奶奶》第二版出版（纽约：哈里·艾布拉姆斯出版公司）。

1986 年

《摩西奶奶》日文版（加藤恭子译）出版（东京：三丽鸥公司）。

1987 年

"摩西奶奶"第一次日本展览举办（东京伊势丹博物馆；大阪大丸博物馆）。奥尼尔所作《摩西奶奶：美国乡村画家》出版（纽约：少儿读物）。

1989 年

17 幅作品在日本巡回展览"朴素艺术大师"中展出（东京大丸博物馆；山形屋艺术画廊；博多大丸艺术画廊；东京大丸艺术画廊）。汤姆·布莱克利著《画家摩西奶奶》出版，由玛蒂娜·霍纳作序（纽约：切尔西书屋），琼·卡里尔著《摩西奶奶：神话背后的艺术家》第二版出版。名为《摩西奶奶：一位美国本土画家》在 14 个美国地区剧院上演，该剧由克洛莉丝·利奇曼主演，由鲍勃·班纳公司制作。

1989-1992 年

克利奥出版公司发布了一系列摩西的贺卡和日历。

1990 年

举办第二次"摩西奶奶"日本展览（东京伊势丹博物馆；大阪大丸博物馆；京都大丸博物馆；船桥艺术论坛；横滨高岛屋博物馆）。"摩西奶奶（1860 — 1961）：美国的珍宝"在纽约的海默画廊展出（9 月 17 日 — 10 月 27 日）。话剧《摩西奶奶：一位美国本土画家》的第二次巡演在美国 11 家剧院上演。

1990 年至今

清次多哥纪念馆，日本东京的安田河西美术博物馆每年都出版摩西奶奶的日历。

1991 年

玛戈特·佳利著《摩西奶奶》出版（纽约：新月图书），《圣诞前夜》重新设计版本出版（纽约：兰登书屋）。

1993-1996 年

Cedco 出版公司发行年度摩西日历。

1994 年

话剧《摩西奶奶：一位美国本土画家》的第三次巡演在美国 24 家

剧院上演。

1995 年

"摩西奶奶"第三次日本巡展举办（大阪大丸博物馆；东京安田河西美术博物馆；山口市下关博物馆；千叶市石川博物馆）。

1996 年

"摩西奶奶：过去的图画"展览在弗罗里达的劳德代尔堡艺术博物馆举办（2 月 2 日—5 月 19 日）。威廉·凯彻姆著《摩西奶奶：一位美国原住画家》出版（纽约：史密斯马克出版社）。

1997 年

琼·卡里尔著《摩西奶奶：25 幅杰作》出版（纽约：哈里·叉布拉姆斯公司）。

1998 年

展览"摩西奶奶（1860 — 1961）：美国的珍宝"在纽约海默画廊举办（1 月 20 日—2 月 28 日）。

1998-1999 年

本宁顿博物馆利用其收藏品举办了摩西作品巡回展览（加利福尼亚西米谷市罗纳德·里根图书馆；密歇根大急流城杰拉尔德·福特博物馆；康涅狄格州新英国艺术博物馆；罗德岛的纽波特艺术

博物馆；佛罗里达棕榈滩四项艺术协会；德克萨斯的奥斯汀的林登·B.约翰逊博物馆和图书馆）。五幅作品在展览"20世纪自学成才的艺术家：美国选集"中展出（费城艺术博物馆；亚特兰大高级艺术博物馆；沃斯堡卡特美术馆；罗切斯特纪念艺术馆；俄亥俄州哥伦布的威克斯纳艺术中心）。

2000 年
《和摩西奶奶在一起的一年》出版，作者尼古拉·丽莎（纽约：亨利霍尔特出版社）。

2001-2002 年
"摩西奶奶在 21 世纪"美国巡回展：国家女性艺术博物馆，华盛顿特区；加利福尼亚州圣地亚哥艺术博物馆；佛罗里达州奥兰多艺术博物馆；吉尔克里斯博物馆，俄克拉荷马州塔尔萨；哥伦布艺术博物馆，俄亥俄州；波特兰艺术博物馆，俄勒冈州。

2002 年
"摩西奶奶：美国的反思"，圣艾蒂安画廊，纽约。

2003-2004 年
"摩西奶奶在 21 世纪"，沃兹沃斯雅典艺术博物馆康涅狄格。

2005 年

"摩西奶奶"日本巡回展：文化村博物馆，东京；大丸博物馆，京都；大丸博物馆，札幌。

2006-2008 年

"摩西奶奶：国家的奶奶"巡回展：费尼莫尔艺术博物馆，纽约州占柏镇；雷诺兹收藏博物馆，北卡罗来纳州温斯顿—塞勒姆；亨特博物馆，田纳西州查塔努加；克罗克艺术博物馆，加利福尼亚州萨克拉门托；林林博物馆，佛罗里达州萨拉索塔。

2015 年

《人生随时可以重来》摩西奶奶 作品，蒋春编译，同心出版社出版，该书讲述了摩西奶奶的传奇一生，并精选摩西奶奶经典画作，配以生动感人的故事图说，图文并茂。

附录三
精选参考文献
英文原名

[1]"About Grandma Moses." *The New York 14 World-Telegram,* 21 May 1947.

[2]Bihalji-Merin, Otto. *Modern Primitives: Masters of NaiYe Painting.* NewYork: Harry N. Abrams, 1959.

[3]Biracree, Tom. *Grandma Moses,* Painter. New York and Philadelphia: Chelsea House, 1989.

[4]Bishop, Robert. *Folk Pointers of America.* New York: E. P. Dutton, 1979.

[5]Breuning, Margaret. "Grandma Moses." *Art Digest,* 1 December 1944.

[6]Canaday, John. "Art of Grandma Moses-An Appraisal Shows She Captured and Relayed the Magic of Being Alive. *The New York Times,* 14 December 1961.

[7]Capa, Cornell. "100 Candles for a Gay Lady." *LIFE,* 19 September 1960, 105-12.

[8]Chaliapin, Boris. "Presents from Grandma." *Time,* 28 December

1953, 38-42.

[9]Clark, Gregory. "'I Just Follow Nature' Says Grandma Moses." *Weekend Picture Magazine,* 16 February 1952.

[10]Cleary, Margot. *Grandma Moses.* New York: Crescent Books, 1991.

[11]Devree, Howard. Untitled article. *The New York Times,* 13 October 1940.

[12]Eisenstein, Ruth, and Lois Brown, eds. *The Grandma Moses American Songbook.* New York: Harry N. Abrams, 1985.

[13]Erskine, John. "Author John Erskine Reviews Grandma Moses' Autobiography." *The New York Journal American,* 12 January 1947.

[14]Evans, Ernestine. "Untaught, She Painted What She Loved." *The New York Herald Tribune Weekly Book Review,* 22 December 1946.

[15]Genauer, Emily. "This Week in Art-Granny Gains Stature as Painting Marvel." *The New York World- Telegram,* 1 June 1948.

[16]——. "Grandma Moses: A Lovely Spirit." *The New York Herald Tribune,* 10 September 1961.

[17]——. "The Passing of Grandma Moses at 101." *The New York Herald Tribune,* 14 December 1961.

[18]Grandma Moses, *see also* Moses, Anna Mary Robertson.

[19]*Grandma Moses: Anna Mary Robertson Moses (1860-1961).* Exh. cat. National Gallery of Art, Washington, D.C. (11 February-1 April 1979). Washington, D.C.: National Gallery of Art, 1979.

[20]"Grandma Moses Just Paints and Makes No Fuss About It." *The*

New York World-Telegram, 15 November 1940.

[21]"Grandma Moses, Painting at 87, Is 'Working Up Some MischieF'." *The New York Herald Tribune,* 23 August 1948.

[22]*Grandma Moses.* Exh. cat. Isetan Museum (Tokyo), 1-17 March 1987; Daimaru Museum, Umeda (Osaka), 22 April-10 May,1987. Tokyo: Hata International, 1987.

[23]*Grandma Moses.* Exh. cat. Isetan Museum (Tokyo), 1-24 July 1990; Daimaru Museum, Umeda (Osaka), 5-17 September 1990; Daimaru Museum (Kyoto), 20 September-2 October 1990; Funabashi Art Forum (Funabashi), 10-30 October 1990; Yokohama Takashimaya Gallery (Yokohama), 8-20 November 1990. Tokyo: Nippon Television Network, 1990.

[24]*Grandma Moses.* Exh. cat. Daimaru Museum, Umeda (Osaka), 19 April-8 May 1995;
Seiji Togo Memorial, Yasuda Kasai Museum of Art (Tokyo), 3 June-30 July 1995;
Shimonoseki Daimaru Art Gallery (Yamaguchi), 30 August-11 September 1995; Chiba Sago Museum of Art (Chiba), 13-30 October 1995. Tokyo: Hata Stichting,1995.

[25]Hemphill, Herbert Waide, Jr., and Julia Weissman. Twentieth -Century *American Folk Art and Artists.* New York: E. P. Dutton, 1974.

[26]Janis, Sidney. *They Taught Themselves: American Primitive Painters of the 20th Century.* New York: Dial Press, 1942. Reprint,

New York: Hudson River Press, 1999.

[27]Kallir, Jane. "Grandma Moses." in *Self- Taught Artists of the 20th Century: An American Anthology.* New York: Museum of American Folk Art, 1998.

[28]——. *Grandma Moses: The Artist Behind the Myth.* New York: C. N. Potter, 1982.

[29]——. *The Folk Art Tradition.* New York: Viking Press, 1981.

[30]——. *Grandma Moses: 25 Masterworks.* New York: Harry N. Abrams, 1997.

[31]Kallir, Otto. *Grandma Moses.* NewYork: Harry N. Abrams, 1973.

[32]——. "Grandma Moses." *The Studio,* CLI No. 757 (April 1956): 97-101.

[33]——. *Grandma Moses: American Primitive.* New York: The Dryden Press, 1946; 2nd ed. Garden City, N.Y: Doubleday, 1947.

[34]Kallir, Otto, ed. *Art and Life of Grandma Moses.* Exh. cat. Gallery of Modern Art, New York (20 February-30 March 1969). South Brunswick and New York: A. S. Barnes, 1969; London: Thomas Yoseloff, 1969.

[35]Ketchum, William C. Grandma Moses: *An American Original.* New York: Smithmark, 1996.

[36]Kramer, Nora, ed. *The Grandma Moses Stotybook.* New York: Random House, 1961.

[37]Moore, Clement C. *The Night Before Christmas,* with illustrations painted by Grandma Moses. New York: Random House, 1962.

精选参考文献

中文译名

[1]《关于摩西奶奶》，纽约世界电讯报，1947 年 5 月 21 日。

[2] 奥托·梅林，《现代本土画家：朴素绘画大师》，纽约：哈里·艾布拉姆斯公司，1959 年。

[3] 汤姆·布莱克利，《画家摩西奶奶》纽约和费城：切尔西书屋，1989 年。

[4] 罗伯特，《美国民间画家》，纽约：杜登出版社，1979 年。

[5] 玛格丽特·布莱宁，《摩西奶奶》，艺术文摘，1944 年 11 月 1 日。

[6] 约翰·卡纳迪，《摩西奶奶的艺术——她领悟并延续了生活的魅力》，纽约时报，1961 年 12 月 14 日。

[7] 科内尔·卡帕，《一位快乐女士的 100 根蜡烛》，生活杂志，1960 年 9 月 19 日，105 — 12。

[8] 鲍里斯·夏里亚宾，《奶奶的礼物》，时代周刊，1953 年 11 月 28 日，38 — 42。

[9] 格里高利·克拉克，《摩西奶奶：我只是遵循自然》，周末画报，1952 年 2 月 16 日。

[10] 玛戈特·克利里，《摩西奶奶》，纽约：新月出版社，1991 年。

[11] 霍华德·德夫里，无标题文章，纽约时报，1940 年 10 月 13 日。

[12] 爱因斯坦，路得和洛伊斯布朗，《摩西奶奶美国歌本》，纽约：哈里·艾布拉姆斯公司，1985 年。

[13] 约翰·厄斯金，《坐着约翰·厄斯金对摩西奶奶自传的评论》，美国纽约日报，1947 年 1 月 12 日。

[14] 欧内斯廷·埃文斯，《虽未受教育，画自己所爱》，纽约先驱报论坛每周书评，1946 年 12 月 22 日。

[15] 艾米丽·戈诺尔，《本周艺术——奶奶创造了绘画奇迹》，纽约世界电讯报，1948 年 6 月 1 日。

[16]——《摩西奶奶：可爱的精神》，纽约先驱报，1961 年 9 月 10 日。

[17]——《摩西奶奶于 101 岁逝世》，纽约先驱报，1961 年 12 月 14 日。

[18] 摩西奶奶，亦参见安娜·玛丽·罗伯森·摩西。

[19] "摩西奶奶：安娜·玛丽·罗伯森·摩西（1860 — 1961）"展览，华盛顿国家艺术画廊（1979 年 2 月 11 日—4 月 1 日）。华盛顿：国家艺术画廊，1979 年。

[20]《摩西奶奶：只是画画，不需要小题大作》，纽约世界电讯报，1940 年 11 月 15 日。

[21]《摩西奶奶，87 岁为了"恶作剧"而画画》，纽约先驱报，1948 年 8 月 23 日。

[22] "摩西奶奶"展览，伊势丹博物馆（东京），1987 年 3 月 1 日—3 月 17 日；大丸博物馆，大阪，1987 年 4 月 22 日—5 月 10 日：哈塔国际，1987 年。

[23]"摩西奶奶"展览,伊势丹博物馆(东京),1990年7月1—24日;大丸博物馆,大阪,1990年9月5日—9月17日;大丸博物馆(京都),1990年9月20日—10月2日;船桥艺术论坛(船桥),1990年10月10日—10月30日;横滨高岛屋画廊(横滨),1990年11月8日—11月20日。东京:日本电视台,1990年。

[24]"摩西奶奶",展览,大丸美术博物馆(大阪),1995年4月19日—5月8日;

清次多哥纪念馆,安田河西美术博物馆(东京),1995年6月3日—7月30日;

下关大丸艺术画廊(山口),1995年8月30日—9月11日;千叶市Sogo艺术博物馆(千叶),1995年10月13日—10月30日。东京:哈塔·斯提夫丁,1995年。

[25]亨普希尔,赫伯特·韦德和茱莉亚·斯曼,《二十世纪美国民间艺术和艺术家》,纽约:杜登出版社,1974年。

[26]西德尼·詹尼斯,《自学成才:20世纪的美国本土画家》,纽约:戴尔出版社,1942年。重印,纽约:哈德逊河出版社,1999年。

[27]琼·卡里尔,"摩西奶奶","20世纪自学成才的艺术家:美国选集",纽约:美国民间艺术博物馆,1998年。

[28]——《摩西奶奶:神话背后的艺术家》,纽约:C.N.波特出版社,1982年。

[29]——《民间艺术传统》,纽约:维京出版社,1981年。